AF425902

التهدئة أو انفجار البارود:
سيناريوهات مستقبل الإقليم في ظل تصاعد التهديدات اللامتماثلة

د. يسري أحمد العزباوي

اتجاهات استراتيجية (15)

مارس 2022

Order No: MC-02-01-2262918
ISBN: 978-9948-846-77-2

@ مركز تريندز للبحوث والاستشارات
http://trendsresearch.org

نبذة عن

مركز تريندز للبحوث والاستشارات

يُعد مركز «تريندز للبحوث والاستشارات» مؤسسة بحثية مستقلة، تأسس عام 2014، ويهتم باستشراف المستقبل في جوانبه الاستراتيجية والسياسية والاقتصادية، وتتبع القضايا العالمية المختلفة. كما يهدف المركز إلى تحليل الفرص والتحديات على مختلف الصُّعُد الجيوسياسية الراهنة، وما تحمله من متغيرات محتملة، مع محاولة إيجاد إجابات وتفسيرات علمية وموضوعية من شأنها المساهمة في التأثير في اتجاهات الأحداث مع مراعاة نواحي التحليل والنقد والاستشراف.

ويقدّم المركز، من أجل تحقيق غاياته العلمية، دراسات رصينة ذات أبعاد استشرافية مستقبلية، ويطرح أفضل البدائل الممكنة لمساعدة صنّاع القرار في معرفة التطورات الإقليمية والدولية بشكل أعمق، والاستفادة مما توفره من فرص. كما يقوم المركز برصد الاتجاهات والتغييرات الاستراتيجية والاقتصادية والإقليمية والدولية، والتنبؤ بآثارها المستقبلية، وذلك وفق الضوابط العلمية المتعارف عليها دولياً لدى أعرق مراكز التفكير والبحث العلمي.

المحتويات

ملخص تنفيذي

إن البيئة الاستراتيجية في منطقة الشرق الأوسط تشهد تطورات دراماتيكية، أثرت بشكل مباشر على الأمن والاستقرار فيه، وعلى طبيعة التفاعلات البينية بين وحداته، بل وعلى داخل الوحدة الواحدة أحياناً. وهنا، انقسم الخبراء المهتمون بالتحولات الهيكلية في الإقليم إلى فريقين، كلٌّ منهما له قراءته. فيرى الفريق الأول أن البيئة الأمنية في الإقليم تبدو الآن أكثر هدوءاً من العقد الأخير، بينما يرى الفريق الثاني أن الإقليم لايزال مضطرباً، الأمر الذي يجعل البيئة الأمنية فيه عُرضة لكثير من التهديدات اللامتماثلة وعدم الاستقرار.

وفي هذا الإطار، تسعى الدراسة إلى تحديد السمات العامة للبيئة الأمنية، والتحولات التي لحقت بطبيعة التهديدات الأمنية القائمة، والمحركات والمحفزات لتصاعد التهديدات اللامتماثلة في الإقليم، ومستقبل الإقليم في ضوء هذه التهديدات.

وتنقسم الدراسة إلى خمسة محاور رئيسية: يتناول الأول منها **«الأطر المفاهيمية والنظرية للبيئة الأمنية في الإقليم»**، وتسعى فيه إلى تقديم تعريف مختصر لماهية البيئة الأمنية الاستراتيجية، وثلاثية التحديات والتهديدات والمخاطر، ومعايير تقسيم التهديدات وأنواعها. بينما يتناول المحور الثاني **«السمات العامة للبيئة الاستراتيجية في الإقليم»**، حيث ترصد الدراسة فيه مجموعة من السمات العامة للبيئة الاستراتيجية في الإقليم على مختلف الصُعد (السياسية، والاقتصادية، والأمنية العسكرية، والثقافية والاجتماعية)، وأما المحور الثالث فيتناول **«محركات التهديدات في الإقليم»**، والتي يقصد بها العوامل والدوافع والمحفزات لحدوث تلك التهديدات، والنابعة أيضاً من داخل هذه البيئة الإقليمية أو من البيئات المغايرة. ويرصد المحور الرابع، **«التهديدات اللامتماثلة المحتملة الحدوث في الإقليم»**، والتي ربما يكون بعضها قائماً بالفعل، ولكن حجم تأثيرها قد يتعاظم خلال السنوات المقبلة، إذا لم تعمل دول الإقليم على معالجة المحفزات وكبح جماحها عبر سياسات متوسطة وطويلة الأمد. أما المحور الخامس والأخير من الدراسة، فيُحدد **ثلاثة سيناريوهات لمستقبل الإقليم في ضوء التهديدات اللامتماثلة**: الأول، الأكثر تشاؤماً، وهو انفجار براميل البارود واندلاع حرب إقليمية؛ والثاني الأقرب للحدوث، وهو التسويات المحدودة؛ والثالث هو النزوع إلى التهدئة وفك الاشتباك.

مقدمة

لاتـزال البيئـة الأمنيـة الاسـتراتيجية في إقليم الشـرق الأوسـط تشـهد تطـورات دراماتيكية متسـارعة، أثـرت بشـكل مباشـر عـلى الأمـن والاسـتقرار فيـه، وعـلى طبيعـة التفاعـلات البينيـة بـين وحداتـه، بـل وعـلى بنيـة الوحـدات المكونة لـه. كـما أسـهمت أيضاً التغيرات الهيكليـة ببنيـة النظـام العالمي في زيـادة حـدة التهديـدات الأمنيـة التـي شـهدها إقليم الشـرق الأوسـط، الـذي يعـد مـن أكـثر الأقاليـم في العـالم تأثـراً بالتغيرات الجاريـة في البيئة الدوليـة؛ الأمـر الـذي أدى إلى تحـوُّل في هيـكل التهديـدات الأمنيـة وخريطتها في الإقليم مـن نمـط التهديـدات «المتماثلـة» إلى التهديـدات «اللامتماثلـة» Asymmetric Threats، والتـي يطلـق عليهـا أيضـاً «التهديـدات الهجينـة» Hybrids Threats، كتعبـير عـن زيـادة التعقيـد والغمـوض، وسرعـة الحركيـة والتطـور، الـذي يمـس الظاهـرة الأمنيـة. واللافـت للنظـر، أن الثـورة الصناعيـة الرابعـة وتجلياتهـا المتمثلـة في الـذكاء الاصطناعـي، ووسـائل التواصـل الاجتماعـي المختلفـة، سـاعدت عـلى زيـادة وتـيرة التهديـدات اللامتماثلـة التـي يشـهدها الإقليـم.

يعتقـد البعـض أن البيئـة الأمنيـة في الإقليم تبـدو الآن أكـثر هـدوءاً مـن العقـد الأخـير، ذلـك بفعـل: أولاً، هزيمـة «دولـة الجماعـات الإرهابيـة - داعـش»، أو تراجـع الفعـل الإرهابـي «للقاعـدة» في الإقليـم. وثانيـاً، نجـاح إعـادة بنـاء وتماسـك الدولـة في عـدداً مـن وحـدات الإقليـم، ورد الاعتبـار لمؤسسـات الدولـة الوطنيـة. وثالثـاً، القضـاء عـلى عـدد كبـير مـن القيـادات الإرهابيـة، أو بالأحـرى الرعيـل الأول مـن مؤسـسي القاعـدة وداعـش وأخواتهـما. ورابعـاً، عمليـات السـلام التـي تمـت مؤخـراً بـين عـدد مـن الفاعلـين في الإقليم، والتـي فتحـت البـاب عـلى مصراعيـه أمـام عـدد آخـر مـن الوحـدات المكونة لـه لخفـض التصعيـد المتبـادل، والبـدء بإجـراءات بنـاء الثقـة فيـما بينهـا؛ مثـل التـي تتـم بـين تركيـا وعـدد مـن الـدول العربيـة، أو بـين إيـران والسـعودية، أو بـين مكونـات الدولـة الواحـدة. وخامسـاً، انشـغال دول الإقليـم بمواجهـة «أزمـة كوفيـد - 19»، ومعالجـة تداعياتهـا السوسـيواقتصادية، والتحـولات السوسـيوثقافية الناتجـة عنهـا.

وعلى الجانب الآخر، يرى فريق آخر أن الإقليم لايزال مضطرباً، وأن رائحة البارود تملأ أرجاءه، وأن احتمالية حدوث موجة جديدة من عدم الاستقرار مازالت أمراً وارداً، ذلك لعدة أسباب:

أولها، سرعة التغير والتعقيد في البيئة الأمنية الدولية، وحالة عدم الاستقرار في قمة النظام الدولي، في ظل حرب باردة، قائمة بالفعل، بين الصين وروسيا من جانب، والولايات المتحدة الأمريكية وحلفائها من جانب آخر؛ الأمر الذي يؤثر بشكل مباشر على حالة الاستقرار والأمن في الإقليم.

وثانيها، أن حالة العداء والصراع بين الوحدات الرئيسية في الإقليم لاتزال قائمة، ولم يتم حلها أو - على الأقل - لم تصل هذه الوحدات إلى تفاهمات أو اتفاقيات تعمل على خفض أسباب الصراع في الإقليم، حيث لاتزال إيران وميليشياتها المسلحة، تعمل، كما هي، في اليمن والعراق وسوريا، والدليل على ذلك الهجوم الإرهابي الحوثي بالصواريخ الباليستية على دولة الإمارات العربية المتحدة. كما لم تُحَل أزمة سد النهضة بين إثيوبيا ومصر والسودان، ولاتزال ليبيا تعاني تحت وطأة التدخلات الخارجية...، إلخ.

وثالثها، لاتزال الجماعات الإرهابية قائمة داخل الإقليم وعلى أطرافه، وتتمدد وتزاد قوة وشراسة في أدواتها وأساليبها العنيفة. ويُثير الهجوم الأخير لـ «داعش» على سجن في مدينة الحسكة السورية مخاوف من استعادة التنظيم قدراته وتساؤلات عما إذا كان هذا الهجوم، وهو الأكبر منذ إسقاط «خلافته»، مؤشراً على عودة التنظيم إلى سابق عهده أم لا؟ وهل يستطيع «داعش» استعادة قوته؟[1]. وبالرغم من مرور خمس سنوات على هزيمة تنظيم داعش وإعلان الحكومة العراقية شن حملة لمطاردة فلول التنظيم، فإن التنظيم مازال يشن هجمات قوية تستهدف العسكريين والمدنيين في العراق، خاصة في محافظة ديالى التي شهدت هجمات متكررة للجهاديين، يستهدف أغلبها قوات الأمن وغالباً ما تؤدي إلى سقوط ضحايا[2].

---

1. «أكبر هجوم منذ إسقاط «خلافته»- هل يستعيد «داعش» قوته من جديد؟» دويتشه فيله، 25 يناير 2022، https://bit.ly/3uFiKuS.

2. حسين قايد، «أكبر هجوم في العراق منذ أشهر.. داعش يحاول «إعلان عودته» قناة الحرة، 21 يناير 2022، https://arbne.ws/3uKGBJ.

ورابعها، وهو الأهم على الإطلاق، أن الأسباب الرئيسية، الاقتصادية والاجتماعية، التي قامت من أجلها ما عرف باسم «ثورات الربيع العربي»، لاتزال قائمة كما هي، ولم تنجح بعض وحدات الإقليم في خلخلتها، أو معالجة الأسباب المؤدية إليها. ولقد أثبتت تطورات الأحداث في السنوات الماضية أن كلاً من مصر وتونس قد تجاوزتا ما يعرف بأزمة بناء الدولة، ورسّختا بكل تأكيد أقدام الدولة الوطنية، لكن الأمر نفسه لم يحدث بعد في كلٍّ من: ليبيا واليمن وسوريا والعراق والسودان[3].

وخامسها، أن الإقليم لايزال يشهد حالة استقطاب حادة بين المحاور القائمة والمتجاورة، بل وداخل المحور الواحد، ولم تصل الوحدات الفاعلة في الإقليم إلى «تصفير المشاكل بينها بعد، أو داخل الدولة الواحدة.

إن الأسباب، السالفة الذكر وغيرها، تجعل البيئة الاستراتيجية في الإقليم عُرضة أكثر للتهديدات اللامتماثلة. إن نواتج طبيعة التفاعلات، الظاهرة والخفية، فيما بين وحدات الإقليم بعضها مع بعض، وبين مكوناته والعالم الخارجي - تؤكد تسارع وتيرة التهديدات اللامتماثلة في الإقليم؛ الأمر الذي تحاول هذه الدراسة رصده واستيضاحه أيضاً عبر استخدامها المنهج التحليلي. كما تحاول الدراسة الوصول إلى إطار معرفي يمكن من خلاله تفسير التهديدات الأمنية التي تواجه الإقليم وتحليلها، وتحديد السمات العامة للبيئة الأمنية للإقليم، والتحولات التي لحقت بطبيعة التهديدات الأمنية القائمة فيه، والمحركات والمحفزات لتصاعد التهديدات اللامتماثلة، وسيناريوهات مستقبل الإقليم في ظل التهديدات اللامتماثلة.

إن طبيعة إقليم الشرق الأوسط الاستراتيجية تتصف بأنها مَعْبَر، ليس للتجارة وتبادل البضائع فحسب، وإنما لتبادل الأفكار والأيديولوجيات، واستشراف طموحات القوى الكبرى (الإقليمية والدولية). ومن هنا تثور تساؤلات حول إذا ما كانت البيئة الاستراتيجية في الإقليم لاتزال تحمل في طياتها أسباب الصراع والتنافس وعدم الاستقرار أم لا؟ وهل هذه البيئة المضطربة سوف تعزز التهديدات اللامتماثلة، أم ستعمل القوى الفاعلة في الإقليم على احتوائها ومواجهتها؟ وما هو مستقبل الإقليم في ظل تصاعد التهديدات الأمنية اللامتماثلة على المديين المتوسط والبعيد؟

---

3. د. محمد صفي الدين خربوش، «شروط الرحيل: هل استنفذت «الدولة الوطنية» العربية قدرتها على الصمود؟،» مجلة السياسة الدولية، العدد 209، المجلد 52، يوليو 2017، ص ص82 – 83.

المحور الأول: الأطر المفاهيمية والنظرية للبيئة الأمنية في الإقليم

يقـدم هـذا المحـور مـن الدراسـة تعريفـاً مختصـراً للبيئـة الأمنيـة الاستراتيجية، وثلاثيـة التحديـات والتهديـدات والمخاطـر، وأخيـراً معايـير تقسـيم التهديـدات وأنواعهـا.

أ. البيئة الأمنية الاستراتيجية:

يطـرح هـاري ر. يارجـر Harry R. Yarger تعريفـاً للبيئـة الاستراتيجية في كتابـه الصـادر عـام 2006: **النظريـة الاستراتيجية للقـرن الحـادي والعشريـن**، بأنهـا تتكـون مـن سـياقين، أحدهـما داخـلي والآخـر خارجـي (إقليمـي ودولي)، ويتفاعـل كلاهـما معـاً؛ الأمـر الـذي ينتـج عنـه تهديـدات، وتحديـات، ومخاطـر، وفـرص، تؤثـر كلهـا في نجـاح الدولـة في علاقتهـا بالأطـراف الأخـرى، أو في تحقيـق غاياتهـا وأهدافهـا العليـا[4].

وتُعنـى دراسـة البيئـة الاستراتيجية ببحـث المقومـات والمكونـات الزمانيـة والمكانيـة كافـة في البيئـات المختلفـة (السياسـية والاقتصاديـة والأمنيـة والعسـكرية والثقافيـة والاجتماعيـة) وتحليـل مؤثراتهـا عـن طريـق المتابعـة الدقيقـة لمـا يـدور في تلـك السـاحات المحليـة والإقليميـة والدوليـة، لمسـاعدة صانـع القـرار في اتخـاذ قـراره المناسـب[5].

ويمكـن وصـف طبيعـة البيئـة الاستراتيجية بأنهـا بيئـة تفاعليـة، وغامضـة، وهـي شـبكة معقـدة مـن المنظومـات، يسـود فيهـا حالـة «اللايقـين»[6]. ويوجـد في هـذه البيئـة أشـياء (تقبـل التنبـؤ بهـا)، في حـين قـد تصنَّـف بعـض الأشـياء عـلى أنهـا (محتملـة)، وبعضهـا الثاني عـلى أنهـا (ممكنـة)، وبعضهـا الثالـث عـلى أنـه (مقبـول)، ويظـل بعضهـا الآخـر (مجهـولاً).

4. Harry R. Yarger, "Strategic Theory for the 21st Century: The Little Book on Big Strategy," (Strategic Studies Institute: February 2006), Pp: 17 – 28, https://bit.ly/35SDwMW.

5. د. سعود عابد، «البيئة الاستراتيجية وصناعة القرار الاستراتيجي»، جريدة الرياض، 8 إبريل 2021، https://bit.ly/36833SJ.

6. Williamson Murray and Mark Grimsley, "Introduction: On Strategy in The Making of Strategy: Rulers, States, and War," (Cambridge: Cambridge University Press, 1994; 1997), p 22.

فهـي بيئـة دينامية تتفاعـل مـع المدخـلات، ولكـن ليـس بالـضرورة بطريقـة مبـاشرة وفـق علاقـة السـبب والنتيجـة[7].

ويشـار إلى البيئـة الاستراتيجية في منشـورات كليـة الحـرب الأمريكيـة باختصار مكون من أربعة أحرف (VUCA)، وهـي اختصار للكلمات: (التقلـب volatility، وعـدم اليقـين uncertainty، والتعقيد com- plexity، والغمـوض ambiguity). وبهـذا، فـإن البيئة الاسـتراتيجية تتميـز بالخصائص التالية[8]:

1. نظـام عالمي حافـل بتهديـدات كثيـرة ومثيرة للشـكوك، والـصراع متأصل فيـه وهـو غـير قابـل للتنبـؤ. وفي هـذا العـالم تكـون القـدرة عـلى الدفـاع عـن المصالـح الوطنيـة وتعزيزهـا مقيـدة بقيـود مرتبطـة بحجـم المـوارد الماديـة والبشريـة معـاً.

2. تتسـم البيئـة الاستراتيجية دائمـاً بحالـة عـدم اسـتقرار أو «فـوضى» ديناميـة، وذات تأثـيرات يتداخـل بعضهـا مـع بعـض. ودور صانـع القـرار فيهـا هـو ممارسـة النفـوذ للسـيطرة عـلى التقلـب، وإدارة الهواجـس، وتبسـيط التعقيـدات، وكشـف الغمـوض، وكل ذلـك يجـب أن يتـم وفـق شروط وظروف ملائمـة لمصالح الدولة ومنسـجمة مـع توجيهـات سياسـتها العليـا.

3. إن التفكـير في سـمات البيئـة الاستراتيجية المتقلبـة، يؤكـد أنها عرضـة لـردود أفعـال وتغـيرات سريعـة ومتفجـرة، وغالبـاً مـا تتسـم بالعنف.

4. إن التوجـس أو الشـك مـن سـمات هـذه البيئـة، وهـو بطبيعتـه مثير للإشـكاليات وعـدم الاستقرار. وهنـاك قضايـا جديـدة تظهـر، ومشـكلات قديمـة تعـاود الظهـور، أو تكشـف عـن نفسـها بطرائـق جديـدة، بحيـث تصبـح الحلـول ملتبسـة، والحقيقـة الكبرى المتخيلـة غالبـاً مـا تتغـير مـع مـرور الوقـت، وكل شيء خاضـع للتسـاؤل والتغيـير السـريع.

---

7. Colin S. Gray, "Modern Strategy," (Oxford: Oxford University Press, 1999), PP 30–41.

8. Donald H. Rumsfeld, "Secretary of Defense, The National Defense Strategy of The United States of America," (Washington, DC: Department of Defense, March 2005), https://bit.ly/3oA0j6D.

5. إن هـذه البيئـة الشـديدة التعقيـد مؤلفـة مـن أجـزاء عديـدة متداخلـة فيمـا بينهـا بطريقـة يصعب معهـا فهـم هـذه الأجـزاء، سـواء كانـت مجتمعـة أو منفـردة، وغالبـاً مـا يكـون فهمهـا مستحيلاً. وأحيانـاً تكـون البيئـة معقـدة أو متداخلـة إلى درجـة يسـتحيل معهـا التوصـل إلى فهم كامـل أو حلـول دائمـة لهـا.

6. إن البيئـة الاسـتراتيجية تتسـم بالغمـوض أيضـاً، ويمكـن تفسـير البيئـة مـن منظـورات مغايـرة، والخـروج باسـتنتاجات مختلفـة بطريقـة يمكـن أن توحـي بـأن هنـاك مجموعـة متنوعـة مـن الحلـول الجذابـة، ويتضـح لاحقـاً أن بعضهـا جيـد، والحلـول الأخـرى سـيئة. وغالبـاً مـا يكـون هنـاك نقـص مـا في المعرفـة، والنيـات قـد تكـون ضبابيـة تخمينيـة، ولكنهـا لا تكـون معروفـة بشـكل كامـل.

7. صعوبـة اسـتيعاب طبيعـة البيئـة الاسـتراتيجية، وربمـا تكـون هـذه هـي أصعـب مهمـة أمـام صانعـي القـرار. ولكـن فهـم طبيعتهـا يوضـح إمكانيـات السياسـة والاسـتراتيجية والقيـود التـي تعترضهـا، كـما يقـدم النظـرة المعمقـة والمعايـير التـي تعبـر عـن الأهـداف والمفاهيـم والمـوارد الاسـتراتيجية. وهنـاك نظريتـان (نظريـة الفوضـى، ونظريـة التعقيـد) لهـما دور في فهـم طبيعـة البيئـة الاسـتراتيجية، وتقديـم وصـف مشـابه لمزاياهـا ووظيفتهـا[9]. ولكـن بـدون الدخـول في تفاصيـل هاتـين النظريتـين، فـإن الثـورة التقنيـة ومفرداتهـا فـرض دراسـة أبعـاد كثـيرة في البيئـة الاسـتراتيجية؛ مـا زاد مـن عمـق التحليـل العلمـي وعـزز مـن أدواتـه، ويفـترض أن ينعكـس ذلـك إيجابيـاً عـلى نمطيـة وسرعـة ونوعيـة وجـودة التفكـير الاسـتراتيجي، الـذي يصـدر في ضوئـه القـرار الاسـتراتيجي المأمـول[10].

إن التحديـدات والتهديـدات الناشـئة مـن البيئـات المغايـرة (المحليـة والإقليميـة والدوليـة) في مجملهـا تمثـل الإطـار التفاعـلي الأشـمل والأوسـع للبيئـة الاسـتراتيجية. وفي هـذا الإطـار، فـإن إقليـم الـشرق الأوسـط ذا الموقـع المتميـز بتحكُّمـه في مجموعـة مـن القنـوات والبحـار والممـرات المائيـة الاسـتراتيجية

---

9. Harry R. Yarger, Op.cit, p 28.

10. د. سعود عابد، «البيئة الاستراتيجية وصناعة القرار الاستراتيجي» جريدة الرياض، 8 إبريل 2021، https://bit.ly/34PrIKM.

المهمـة، يلعـب دور صلـة الوصـل في مسـارات نقـل النفـط الخـام والغـاز والمـواد الأوليـة إلى الـدول الصناعيـة والـدول الكـبرى عـلى مـدى الأبعـاد المترامية للكـرة الأرضيـة. ولايـزال هـذا الإقليـم محـط أطـماع وتنافـس القـوى الدوليـة؛ مـا جعلـه بـؤرة للتنافـس الـدولي، والنزاعـات والتوتـرات الداخليـة، والحـروب المسـلحة والهجينـة أيضـاً[11].

وفي المجمـل، فـإن محاولـة فهـم البيئـة الاستراتيجيـة، كنظـام يحتـوي عـلى أنظمـة متنوعـة، تعـدُّ عمليـة شـاقة وتحديـاً فكريـاً كبـيراً، حيـث إن كلَّ نظـام داخـل هـذه البيئـة مكـون مـن أجـزاء داخليـة، وجميعهـا مترابـط بدرجـات متفاوتـة. ويـؤدي التفاعـل فيـما بـين هـذه الأنظمـة إلى التعقيـد، ويصعـب فهـم الطبيعـة الفوضويـة لهـذا التفاعـل، حيـث يخلـق ذلـك التفاعـل عـدداً غـير محـدود مـن الاحتمـالات، وتضـارب المصالـح، وعـدداً أقـل مـن السـيناريوهات المرغـوب فيهـا لصُنّـاع القـرار في الإقليـم.

ب.   التداخل بين ثلاثية مفاهيم التحديات والتهديدات والمخاطر:

إن هـذا الجـزء مـن الدراسـة يحـاول فـك اشـتباك التداخـل بـين مفاهيـم التحديـات والتهديـدات والمخاطـر. وقَـلَّ التطـرق إلى ذلـك، فيمكننـا الإشـارة إلى مفهـوم الأمـن، وهـو في معنـاه البسـيط: «الحفـاظ عـلى البقـاء Survival في مواجهـة التهديـدات Threats». وهـذا المفهـوم يمكـن تطبيقـه عـلى كيانـات مختلفـة بـدءاً مـن الدولـة ووصـولاً إلى المجتمـع الـدولي. وبنـاء عليـه، فـإن مفهـوم الأمـن الإقليمـي Regional Security، يُعنَـى بقـدرة النظـام الإقليمـي عـلى مواجهـة التهديـدات والتحديـات، ومنـع الحـروب بـين الـدول الأعضـاء في هـذا النظـام»[12].

وبنـاء عليـه، فـإن الدراسـة سـوف تُشـير إلى مفاهيـم ثلاثـة في غايـة الأهميـة؛ وهـي: التهديـد Threat، والخطـر Risk، والتحـدي Challenge، ويجـب الوعـي لهـا والتفرقـة فيـما بينهـا، كـما يـأتي:

---

11.   د. نبيـل سـرور، «الـصراع عـلى النفـط والغـاز وأهميـة منطقـة الشـرق الأوسـط الاستراتيجية،» مجلـة الدفـاع الوطنـي، العـدد 96، إبريـل 2016، https://bit.ly/3gzgvRx.

12.   د. إيمـان رجـب، «الأمـن القومـي العـربي: تحـول خريطـة التهديـدات والاستراتيجية المقترحـة للمواجهـة،» (القاهـرة: معهـد البحـوث والدراسـات العربيـة، 2017)، ص ص 15 – 16.

1. **مفهـوم التهديـد Threat،** يقصـد بـه محاولـة إلحـاق الـضرر والأذى بـشيء معـين بغـرض الإخلال بالأمـن. ويُعبر التهديـد عـن وجـود نيـة إيـذاء أو معاقبـة أو إلحـاق ضـرر مـن خـلال عمـل عدائي عـلى شـخص معـين أو دولة[13]. ويعـرّف تـيري ديبيـل Terry L. Debel التهديـد بأنـه: «عمـل نشـط وفعـال تقـوم بـه دولـة معينـة للتأثـير في سـلوك دولـة أخـرى. ويشـترط نجاحـه توافـر عـدة عوامـل؛ أبرزهـا المصداقيـة والجديـة والقـدرات التـي تتناسـب مـع التهديـد. وأكـد تـيري بـأن هنـاك ثـلاث سـمات يتميـز بهـا التهديـد، وهـي: درجـة الخطـورة؛ ومـدى احتماليـة وقـوع التهديـد؛ وعنـصر التوقيـت»[14].

أمـا بـرّاي بـوزان Barry Buzan فقـد عـرّفـه بأنـه: «تهديـد لمؤسسـات الدولـة باسـتخدام الأيديولوجيـا، أو اسـتخدام مكونـات قـدرة دولـة ضـد دولـة أخـرى، حيـث يمكـن أن يكـون إقليـم الدولـة مهـدداً بـضرر أو غـزو أو احتـلال، ويمكـن أن تـأتي التهديـدات مـن الخـارج أو مـن الداخـل». ويعتقـد بـوزان أن الـدول القويـة عـادة تتعـرض لتهديـدات خارجيـة عكـس الـدول الضعيفـة التـي تتعـرض لتهديـدات مـن الداخـل والخـارج معـاً. ويـرى أيضـاً أن التهديـدات السياسية تعتـبر مصدر قلـق دائماً للدولـة، وتكـون أكثـر غموضـاً ويصعـب تحديدهـا، خلافـاً للتهديـدات العسـكرية[15].

ويعتـبر جـان إيشـلر Jan Eichler أن التهديـد يعـبر عـن إرادة إلحـاق الـضرر بفاعـل (الفـرد/ جماعة/دولة...إلخ)، ويشـترط فيـه توافـر العنـاصر التاليـة: (1) بـث حالـة مـن الهلـع والخـوف (2) القـدرة عـلى الاسـتهداف، سـواء اسـتهداف الدولـة مبـاشرة أو مواطنيهـا أو الـدول المجـاورة لهـا، وهنـا يكـون للتهديـد تأثـير جيوسـياسي. (3) درجـة الخطـورة، أي طبيعـة الخطـورة (محتملـة، فعليـة، كامنـة)، وكلمـا كان التهديـد خطـيراً تطلـب ذلـك رداً فوريـاً وفعـالاً مـن

---

13. جـارش عـادل، «مُقاربـة معرفيـة حـول التهديـدات الأمنيـة الجديـدة،» مجلـة العلـوم السياسـية والقانـون، العـدد الأول، المركـز الديمقراطـي العـربي، 21 فبرايـر 2017، https://bit.ly/3rK8MX8.

14. يـري ديبيـل، اسـتراتيجية الشـؤون الخارجيـة...منطـق الحكـم الأمريـكي، ترجمـة: وليـد شـحادة، (بـيروت: دار الكتـاب العـربي ومؤسسـة محمـد بـن آل راشـد آل مكتـوم، 2009)، ص ص 258-261.

15. Marianne Stone, "Security According to Buzan: A Comprehensive Security Analysis," Security Discussion Papers Series1m Spring 9, p p 24-, https://bit.ly/3rJXP7V.

الطرف المهـدَّد[16]. والخلاصـة أن هنـاك أركانـاً محـددة نسـتطيع مـن خلالهـا القـول بـأن ثمـة تهديـداً مـا محتمـلاً، وهـي:

أ. **نية الضرر:** أن التهديد يُعبر عن نية لإلحاق الضرر والأذى بغرض الإخلال بالأمن.

ب. **الطابـع الحركـي والنسـبي:** حيـث يتأثـر التهديـد بالمسـتجدات والتغـيرات التـي تحـدث عـلى أرض الواقع.

ت. **التركيـب والتعقيـد:** حيـث تتعـدد مسـتويات التهديـد (فـرد، جماعـة، دولـة، إقليـم،... إلـخ)، ومصـادره (مـن داخـل وخـارج الدولـة) ومسـبباته وأنواعـه، وهـو مـا يجعلـه مفهومـاً مركبـاً ومعقـداً.

ث. **التداخـل مـع تهديـدات أخـرى:** يتداخـل ويتفاعـل التهديـد في البيئـة الراهنـة مـع عـدة تهديـدات أخرى.

2. **مفهـوم التحدي Challenge:** يُقصد بـه مجموعـة معقـدة مـن المشـاكل والظـروف التـي تنتـج في الواقع والمسـتقبل. والتحديـات هـي: «المشـاكل والصعوبـات أو المخاطـر التـي تواجـه الدولـة، وتحـدُّ وتعـوِّق تقدمهـا، وتشـكل حجـر عـثرة أمـام تحقيـق أمنهـا واسـتقرارها، ومصالحهـا الحيويـة الذاتيـة المشـتركة، ويصعـب تجنبهـا أو تجاهلهـا»[17]. وباختصـار، فـإن التحـدي شيء مـا صعـب، يتـم فيـه اختبـار قـدرة الدولـة عـلى إدارة شـؤونها ومنافسـة الآخريـن، سـواء تعلقـت هـذه التحديـات بالمشـاكل الداخليـة أو الخارجيـة.

3. **مفهـوم الخطـر Risk:** هـو كل فعـل مهـدّد يُحتمَـل وقوعـه، وإمكانيـة التنبـؤ بـه تتأرجـح بـين الزيـادة والنقصـان، وهـو مرتبـط بمـدى قـدرة المجتمـع ومناعتـه حيـال مواجهتـه. ويعتبره كثـير مـن المختصـين خاصيـة تـدل عـلى شيء يلحـق ضرراً معنويـاً أو ماديـاً، فعندمـا نقـول عـن شيء

---

16. جارش عادل، مرجع سبق ذكره.

17. سـليمان عبدالله الحـربي، «مفهـوم الأمـن: مسـتوياته وصيغـه وتهديداتـه: دراسـة نظريـة في المفاهيـم والأطـر،» المجلـة العربيـة للعلـوم السياسـية، العـدد 19، صيـف 2008، ص28.

ما أنه خطر؛ فهذا يعني أنه يحمل ضرراً معنوياً أو مادياً يُحتمل وقوعه، وقد يؤدي إلى الخسارة أو الدمار أو الإصابة. ويشمل الخطر ثلاثة عناصر أساسية تتمثل في: (المصدر المنتج للخطر؛ والوسيلة الناقلة للخطر بحيث قد تكون ميكانيكية أو كيميائية أو إشعاعية؛ والبيئة الناقلة للخطر التي قد تكون مائية أو حضرية أو هوائية[18].

ويرى ألريش بيك Ulrich Beck في كتابه «مجتمع الأخطار» أن الخطر عبارة عن ضرر يهدد أمن الأفراد والبيئة والجماعات البشرية، لكنه يوشك أن يحدث أو حدث فعلاً ويمكن احتواؤه إذا لم يتفاقم. كما يعتبر ألريش بيك أن الأخطار قد استفحلت وتنوعت مع التطور التكنولوجي والعلمي وتزايد تأثيرات العولمة، وأصبحت تتميز بسرعة الانتشار من منطقة إلى أخرى[19].

ج. معايير تصنيف التهديدات:

هناك عدة معايير تستخدم لتصنيف التهديدات الأمنية من قبل الباحثين، حيث يركز بعض الباحثين على «معيار المجال» Field في تصنيفهم للتهديدات، ومنهم من يستخدم «المعيار الجغرافي» Geographical، ومنهم من يحبذ استخدام تصنيفات معاصرة تركز على «معيار التماثل» Similarity و«التأثير» Influence. وبناء عليه، يمكن تصنيف التهديدات كما يلي[20]:

1. **من حيث المجال:** هناك من يصنف التهديدات الأمنية حسب معيار المجال، بحيث يتضمن هذا التصنيف ما يلي: (تهديدات سياسية؛ تهديدات اقتصادية؛ تهديدات اجتماعية وثقافية؛ تهديدات بيئية).

---

18. قاسم حجاج، «التدخل الإنساني للجيش الوطني الشعبي في مواجهة الكوارث الطبيعية،» ورقة بحث قدمت في الملتقى الدولي حول: الدفاع الوطني بين الالتزامات السيادية والتحديات الإقليمية، ورقلة، الجزائر، 12-13 نوفمبر 2014، ص ص 2-3.

19. Ulrich Beck, "Risk society Towards a New Modernity," translated by Mark Ritter, (London: University Ubrarv, 1992), pp 615-, https://bit.ly/3sC4Cja.

20. . إلياس أبو جودة، الأمن البشري وسيادة الدول، (بيروت: مجد، المؤسسة الجامعية للدراسات والنشر والتوزيع، 2008)، ص ص 29-34.

2. **درجـة الخطـورة:** يـرى البعـض أنـه يمكـن تصنيـف التهديـدات الأمنيـة مـن حيـث درجـة الخطـورة إلى: (تهديـدات فعليـة؛ تهديـدات محتملـة؛ تهديـدات كامنـة؛ تهديـدات متصـوَّرة، وهـي التـي يُحتمـل ظهورهـا مسـتقبلاً).

3. **درجـة التماثـل:** ويـرى بعـض الباحثـين أنـه يمكـن تصنيـف التهديـدات الأمنيـة حسـب درجـة تشـابه الفواعـل Actors إلى:

أ‌. **التهديـدات المتماثلـة:** والتـي يطلـق عليهـا النمـط التقليـدي للتهديـدات الـذي يتميـز بالطابـع البينـي والعسـكري، وتتشـابه فيهـا الفواعـل مـن حيـث الخصائـص، كالتهديـد العسـكري الـذي يكـون بـين دولـة (أ) ودولـة (ب).

ب‌. **التهديـدات اللامتماثلـة:** وهـي موضـوع الدراسـة، ويقصـد بهـا تلـك التهديـدات التـي تُبنى عـلى فكـرة الغمـوض وعـدم إمكانيـة تحديـد ماهيـة العـدو، إذ تكـون بـين أطـراف غـير متكافئـة مـن حيـث القـوة. ويشـمل هـذا النـوع مـن التهديـدات الجريمـة الاقتصاديـة؛ والمتاجـرة بالأسـلحة؛ والإرهـاب العابـر للحـدود؛ والجريمـة المنظمـة؛ والنزاعـات الداخليـة. ولقـد بـرزت هـذه التهديـدات نتيجـة للتغـير المهـم في هيكلـة المخاطـر الأمنيـة مـن النمـط التماثـلي (باعتبـار تماثـل أطرافهـا) إلى «النمـط اللاتماثـلي» (بالنظـر إلى عـدم تناظـر طبيعـة أطرافهـا)، تزامنـاً مـع التحـولات والتغـيرات الحاصلـة في البيئـة الاسـتراتيجية الدوليـة[21].

وتُسـمى التهديـدات اللامتماثلـة أيضـاً «غـير المتناظـرة» أو «غـير المتكافئـة» أو «الهجينـة»، وتكـون بـين فاعلـين غـير متكافئـين مـن حيـث القـوة. وعـادة مـا يكـون هـذا النمـط مـن التهديـدات وسـيلة للتعويـض عـن نقـص في المـوارد لـدى الطـرف الضعيـف الـذي يسـتخدم التهديـد بأسـاليب ووسـائل متعـددة يسـتهدف بهـا المسـاس بنقـاط الضعـف للطـرف الأقـوى. ومسـتوى أعـلى مـن التهديـد يُشـار في كثـير مـن الدراسـات إلى التهديـدات اللامتماثلـة بالحـرب اللامتماثلـة Asymmetric War، وهـي النمـط الغالـب في حـروب اليـوم؛ لذلـك تسـمى بـ«حـروب العصر»، بحيـث تكـون الأطـراف

---

21. أدمـام شـهرزاد، «الطبيعـة اللاتماثليـة للتهديـدات الأمنيـة الجديـدة» مجلـة النـدوة للدراسـات القانونيـة، الجزائـر، العـدد1، 2013، ص1، https://bit.ly/3oKrTy8.

المتحاربـة غـير متسـاوية، ومتفاوتـة في القـوى والوسـائل والتنظيـم، وتتخـذ عـدة أشـكال أو مسـتويات، فهنـاك المسـتوى الميـداني: (ويتميـز بكـثرة العمليات السـرية، والمفاجـأة، والغـدر والحيل، ومـا إلى ذلك)؛ وهنـاك المسـتوى الاسـتراتيجي العسـكري: (حـرب العصابـات، الحـرب الخاطفـة، وغيرهـا)؛ وهنـاك المسـتوى الاسـتراتيجي السـياسي: (حـرب ذات بعـد ثقـافي أخلاقـي ودينـي)[22].

وفي هـذا الإطـار، يصـف فرانـك هوفـمان F. Hoffman التهديـدات اللامتماثلـة أو الهجينـة: بأنهـا «تتضمـن مجموعـة كاملـة مـن وسـائط الحـرب المختلفة، بمـا في ذلـك القـدرات النظاميـة، والتكتيكات، والتشـكيلات غـير النظاميـة، والأعـمال الإرهابيـة، بمـا في ذلـك العنـف العشـوائي، والإكـراه، والإجـرام العشـوائي»[23].

22. Toni Pfanner, "Asymmetrical warfare from the perspective of humanitarian law and humanitarian action," International Review of the Red Cross, V87, N875, Marche 2005, p 151.

23. Frank Hoffman, "On not-so-New Warfare: Political Warfare vs Hybrid Threats," War on the Rocks, July 28, 2014, https://bit.ly/3rJYMNx.

المحور الثاني: السمات العامة للبيئة الاستراتيجية في الإقليم

ترصـد الدراسـة ثلـة مـن الخصائـص العامـة للبيئـة الاستراتيجيـة في الإقليـم علـى مختلـف الصعُـد (السياسـية، والاقتصاديـة، والأمنيـة والعسـكرية، والثقافيـة، والاجتماعيـة)، وذلـك انطلاقـاً مـن فهـم الطبيعـة التفاعليـة لهـا، ومـا تتصـف بـه مـن «حالـة اللايقيـن»، وهـي كـما يـلي:

(1) على الصعيد السياسي:

إن المشـهد العـام للبيئـة السياسـية في الإقليـم معقـد وغامـض، ولاتـزال حالـة الاستقطـاب الحـاد بـين وحداتـه قائمـة، بالرغـم مـن جهـود التهدئـة الظاهـرة للعيـان، في ظـل تزايـد وتيرة الصراعـات الداخليـة، حيـث لم تنجـح العديـد مـن دول الإقليـم في احتـواء حالـة «الاحتقـان السـياسي» الداخـلي، أو تحقيـق طفـرة اقتصاديـة، أو تـداول سـلمي للسـلطة يحظـى بالقبـول الشـعبي العـام، بـل أن الحالـة السياسـية في الإقليـم تُشـير إلى مـا يـلي:

أولاً، إن «إعـادة بنـاء الدولـة» أو «الحفـاظ عـلى تماسـك الدولـة»، لايـزال هـو العنـوان الأبـرز للبيئـة الاستراتيجيـة الأمنيـة عـلى مسـتوى الإقليـم، وذلـك في ظـل المواجهات المسـتمرة مع الجماعـات الإرهابية والتكفيريـة، أو الانقسـامات الإثنيـة والمناطقيـة، أو التدخـلات الخارجيـة. الأمر الذي تشـهده العديد من دول الإقليـم؛ مثـل: العـراق واليمـن وسـوريا وليبيـا وتونـس والسـودان والبحريـن، وإلى حـدٍّ مـا تونـس والجزائـر.

ثانيـاً، اسـتمرار التوتـر والصراعـات بـين الـدول المركزيـة في الإقليـم، أو بينهـا وبـين دول الجـوار، وعـدم القـدرة عـلى إيجـاد حلـول أو تفاهمـات سياسـية تضمـن تسـكين تلـك النزاعـات، وهنـا يمكـن الإشـارة إلى التدخـل العسـكري التـركي والإيـراني في الـدول العربيـة (العـراق وسـوريا وليبيـا واليمـن)، أو الصـراع بـين مـصر وأثيوبيـا حـول سـد النهضـة، والصـراع الجزائـري المغـربي حـول الصحـراء الغربيـة، أو التدخـل الإسرائيـلي في سـوريا ولبنـان، فضـلاً عـن اسـتمرار المواجهـات العسـكرية بـين الفلسـطينيين والإسرائيليين بـين الفينـة والأخـرى، والتدخـل التـركي في النـزاع بـين أرمينيـا وأذربيجـان. فضـلاً عـن أن الصـراع في شرق المتوسـط حـول تقسـيم الحـدود البحريـة مـن أجـل الاسـتحواذ عـلى آبـار الغـاز والنفـط لايـزال

قائماً، وإن تراجع قرع طبول الحرب في الفترة الأخيرة، بعد أن وصلت إلى درجة غير مسبوقة من «التحرش» البحري بين بعض دول الإقليم.

ثالثاً، شدة تأثر الإقليم بالتغيرات السياسية في البيئة الاستراتيجية الدولية عن غيره من الأقاليم الأخرى، بل وممارسة بعض القوى الكبرى ضغوطات وتدخلات مباشرة في دول الإقليم. والمثال الأبرز في ذلك هو تداعيات الصراع الصيني الأمريكي على دول الإقليم، وتجليات هذا التنافس التي بدأت تتبلور بشكل أكثر وضوحاً في الوقت الراهن، فضلاً عن التدخل الروسي في سوريا وليبيا، ويضاف إلى ذلك حجم القواعد العسكرية الأجنبية وعددها في دول الإقليم الذي لا تكاد تخلو دولة فيه من وجود قوات أجنبية على أراضيها.

رابعاً، لايزال الضعف يعتري بنية المنظمات الإقليمية، التي لاتزال عاجزة عن صنع أدوار فاعلة لها في الصراعات الناشئة أو حتى الاستراتيجية. وبالرغم من ذلك، فإن مجرد الحفاظ على بقائها يعدّ إنجازاً في حد ذاته. وهنا نقصد جامعة الدول العربية بالتأكيد، ومجلس التعاون الخليجي بالرغم من المصالحة الخليجية الخليجية في قمة العلا. كما أنه تم مؤخراً إرجاء القمة الدورية السنوية للجامعة العربية على مستوى القادة، للمرة الثالثة على التوالي، والتي كان مقرراً انعقادها في 22 مارس 2022 بالجزائر[24]. ويأتي تأجيل أعمال القمة بعد فشل المشاورات التمهيدية في توفير أجواء تصالحية تضمن مشاركة فعالة من جانب القوى العربية الأبرز، في ظل تباين المواقف حول ملفات مختلفة، منها تمثيل الحكومة السورية، والعلاقات المتوترة بين الجزائر والمغرب، والوضع في ليبيا، بالإضافة إلى الموقف من التدخلين التركي والإيراني في البلدان العربية[25].

خامساً، تزايد تأثير الفاعلين من غير الدول في التفاعلات البينية بين دول الإقليم، حيث بات لهؤلاء الفاعلين دور محوري أيضاً في عملية صنع القرار الداخلي والخارجي معاً في بعض مكوناته. وبعبارة أخرى، لقد تحول عدد من هؤلاء الفاعلين إلى ركن أساسي في بنية الدولة الوطنية في الإقليم؛ مثل الحشد الشعبي في العراق، وحزب الله في لبنان، وجماعة الحوثي في اليمن. ويضاف إلى ذلك عدد من الفاعلين الجهويين المسلحين (في ليبيا وسوريا على سبيل المثال)، والتي أصبحت قوى معطّلة لعملية إعادة استقرار وبناء مؤسسات الدولة الوطنية.

---

24. «إرجاء القمة العربية في الجزائر بسبب كورونا»، سكاي نيوز، 22 يناير 2022، https://bit.ly/3Lv75oc.

25. روسيا اليوم، ما الأسباب الحقيقية لتأجيل القمة العربية في الجزائر؟، روسيا اليوم، 21 يناير 2022، https://bit.ly/3gGAtd5.

(2) على الصعيد الاقتصادي:

إن العوامل الاقتصادية والتنموية لاتزال تلعب دوراً كبيراً ومؤثراً في البيئة الاستراتيجية بالإقليم، حيث لا تقل التحديات الاقتصادية أهمية عن غيرها من التحديات، بل هي في بعض دول الإقليم تعتبر البيئة الخصبة لنشأة التهديدات. وتتسم البيئة الاقتصادية في الإقليم بما يلي:

أولاً، تداعيات أزمة كوفيد- 19، التي أثرت بالسلب على خطط التنمية ومعدلاتها، وأحدثت بعض التغييرات في بنية الاقتصاد في الإقليم؛ الأمر الذي أدى إلى إخفاق بعض دول الإقليم في وضع سياسات لمواجهة التداعيات الصحية والاقتصادية للأزمة. إن تجليات أزمة كورونا الاقتصادية ستظهر بشكل أوضح على المديين المتوسط والبعيد، وهو ما قد يفاقم الأزمات المجتمعية والسياسية في الإقليم.

ثانياً، لا يزال الحديث مستمراً عن إشكاليات وسياسات وتكلفة إعادة الأعمار في بعض دول الإقليم (العراق وسوريا واليمن وليبيا والسودان). ومما لا شك فيه أن عملية إعادة الإعمار بعد الصراع ليست أمراً حتمي الحدوث، بل يعتمد حجمها ووتيرتها ونطاقها على العوامل الجيواقتصادية في الدول الخارجة من الصراعات. وبتعبير آخر، كيف تؤثر الاعتبارات الجيوسياسية على استخدام الموارد الاقتصادية؟ فهذه العوامل تحدد وجهة المساعدات أو القروض أو الاستثمارات تماشياً مع الأهداف السياسية للقوى الإقليمية والدولية. وهكذا، قد تشكل إعادة الإعمار فصلاً جديداً من فصول التنافس بين مختلف الأطراف الفاعلة المحلية والإقليمية والدولية في بلدٍ ما؛ ولهذا السبب ستتحدّد معالم مشهد ما بعد الحرب في كل دولة بناءً على التحالفات والتنافسات التي تنطوي عليها الصراعات في دول الشرق الأوسط وشمال أفريقيا. فهذه العلاقات المتداخلة قد تقدّم منظوراً متعدد الأبعاد يمكن من خلاله فهم العلاقة القائمة بين إعادة الإعمار بعد الحرب وموازين القوى الإقليمية[26]. ومن جانبها، فإن جامعة الدول العربية قدّرت تكلفة الصراعات والحروب في الدول العربية إلى 640 مليار دولار منذ 2011. كما أن حاجة سوريا والعراق فقط لإعادة الإعمار إلى ما يقارب 500 مليار دولار[27].

---

26. عمرو عادلي ومحمد العربي وإبراهيم عوض، «إعادة الإعمار في الدول العربية بعد الحرب: استمرار الصراع بوسائل أخرى،» مركز مالكوم كير- كارنيغي للشرق الأوسط، 24 فبراير 2021، https://bit.ly/3gJd8Y9.

27. محمد الحميدي، «أمين عام «الغرف العربية» أكد لـ«الشرق الأوسط» أن مئات المليارات من الدولارات فاقد اقتصادي وعوز تنموي جراء الأزمات منذ 2011،» جريدة الشرق الأوسط، 17 نوفمبر 2019، https://bit.ly/3JsLef8.

ثالثاً، المعاناة المستمرة من جراء العجز والديون (الخارجية والداخلية) المتراكمة، وهي سمة اقتصادية تعانيها أغلب اقتصاديات الإقليم، وهو ما يشكل عبئاً وعائقاً أمام خطط التنمية والإصلاح الهيكلي في دول الإقليم. وهنا تتساوى الدول العربية في الإقليم مع غيرها، حيث تعاني تركيا وإيران أزمة اقتصادية أيضاً. وقد حذرت دراسة للجنة الأمم المتحدة الاقتصادية والاجتماعية لغربي آسيا (الإسكوا) بعنوان «نقص السيولة وارتفاع الدين.. عقبات على مسار التعافي في المنطقة العربية» - حذرت من الزيادة غير مسبوقة في الدَّين العام في المنطقة العربية، وتشير الأرقام إلى أن نصف الديون العامة في المنطقة العربية تقريباً يقع على كاهل البلدان المتوسطة الدخل، حيث ارتفع إجمالي الدين العام من 250 مليار دولار تقريباً إلى 658 مليار دولار بين عامي 2008 و2020 وحتى في دول مجلس التعاون الخليجي ذات الدخل المرتفع، تضاعف إجمالي الدين العام خمس مرات تقريباً، من 117 مليار دولار في عام 2008، إلى نحو 576 مليار دولار في عام 2020 [28].

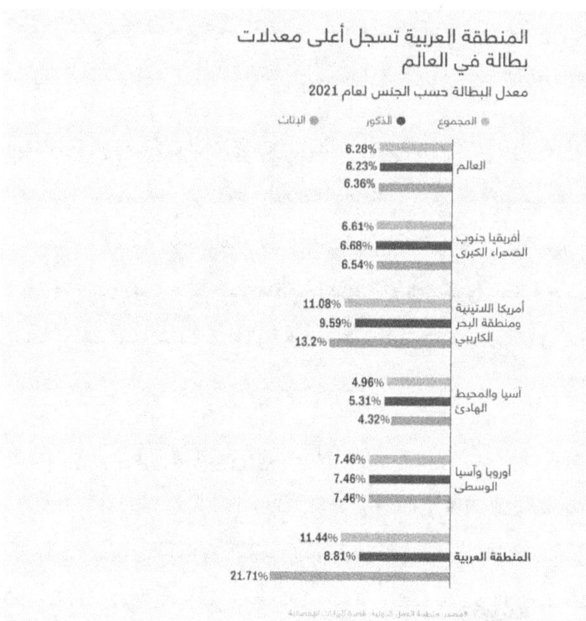

28. «الإسكوا: ارتفاع الدين العام في المنطقة العربية إلى مستويات تاريخية بلغت 1.4 تريليون دولار في 2020،» الأمم المتحدة، https://bit.ly/3gLh5vA.

كما تشير الدراسة أيضاً إلى أنه على سبيل المثال، استدانت كلٌّ من الأردن وتونس ومصر في عام 2020 ما مجموعه 10 مليارات دولار في إطار آليات صندوق النقد الدولي للاقتراض القصير الأجل والمتوسط الأجل لسد حاجاتها الملحة للسيولة. أما في البلدان المتضررة من الصراعات، مثل العراق وليبيا واليمن، فقد وصل الدين العام إلى 190 مليار دولار في عام 2020، أي ما يقرب من 90 % من ناتجها المحلي. ولاتزال السياسات المالية والنقدية المتبعة عاجزة عن بناء القدرة على تحمل الديون في مختلف أنحاء الإقليم. ففي المتوسط، تحولت موازنات بلدان مجلس التعاون الخليجي فيما يتعلق بالميزان الأولي بعد انخفاض عائدات النفط منذ عام 2014 من فائض إلى سلبي. وتفاقم العجز في الموازنات في عام 2020 بسبب كوفيد-19، ليصل إلى 11 % من الناتج المحلي الإجمالي. وفي البلدان المتوسطة الدخل وأقل البلدان نمواً، ظلت الموازين الأولية سلبية على مدى العقد الماضي، وبلغت في عام 2020 ما نسبته 3 % و 11 % من الناتج المحلي على التوالي، وأدى الميزان الأولي السلبي إلى زيادة الاقتراض لتمويل الديون وتمديد الديون غير المسددة[29].

رابعاً، ارتفاع معدلات البطالة بين الشباب في بلدان الإقليم، وهو ما يجعلهم لقمة سائغة للجماعات المتطرفة، أو عرضة للمشكلات الاجتماعية الأخرى. وحسب تقرير أصدرته لجنة الأمم المتحدة الاقتصادية والاجتماعية لغربي آسيا (الإسكوا) والمكتب الإقليمي للدول العربية التابع لمنظمة العمل الدوليّة، سجلت المنطقة العربية أعلى مستوى بطالة حول العالم، وخصوصاً بين النساء والشباب. وكشف هذا الواقع عن عدم قدرة سوق العمل في المنطقة، ولاسيما القطاع النظامي، على خلق فرص عمل عادلة وكافية.

وكما يشير الإنفوغرافيك المرفق إلى الاختلاف الشديد بين نسبة بطالة الذكور في المنطقة العربية من 8.81%، مقارنة بنسبة بطالة الإناث التي وصلت إلى 21.71%. وهي تعتبر أعلى نسبة بطالة للإناث في العالم. ويظهر أيضاً مجموع نسبة البطالة للذكور والإناث معاً إلى 11.44% في المنطقة العربية لعام 2021 أي الأعلى بين مناطق العالم، وتلتها أمريكا اللاتينية ومنطقة البحر الكاريبي بنسبة 11.08%. وقد أظهر التقرير أيضاً إلى أن أنظمة التدريب والمناهج التعليمية لا تتماشى

مـع احتياجـات سـوق العمـل؛ مـا يـؤدي إلى عـدم تطابـق كبير في المهـارات، وأن هنـاك العديـد مـن القطاعـات التـي تـضررت بشـكل خـاص بعـد جائحـة كورونـا في المنطقـة العربيـة، مثـل التصنيـع والإقامـة والعقـارات والأنشـطة التجاريـة والإداريـة، حيـث يتعـرض 39.8 مليون شخص لخطـر التسـريح مـن العمـل أو تخفيـض الأجـور أو سـاعات العمـل[30].

خامسـاً، ضعـف حجـم التبـادل التجاري بـين دول الإقليـم، خاصـة بين الـدول العربيـة، حيـث لا يتجـاوز حجـم التبـادل التجـاري في الإقليـم 7 % مقارنـة بحجـم التبـادل البينـي في أوروبـا وأمريـكا. كـما لم تـزد نسـبة التبـادل التجاري بـين الـدول العربيـة عـلى %8، في حـين كشـفت جامعـة الـدول العربيـة عـن ارتفـاع حجـم التبـادل التجـاري بـين الصـين والـدول العربيـة إلى 240 مليـار دولار أمريكي عـام 2020، وأن الصـين تعتـبر ثـاني أكـبر شريـك تجـاري للـدول العربيـة[31].

(3) على الصعيد الأمني والعسكري:

تتجلى السمات العامة للبيئة الأمنية والعسكرية في الإقليم فيما يلي:

أولاً، اختـلال ميـزان القـوة والتـوازن العسـكري بـين دول الإقليـم؛ الأمـر الـذي جعـل العديـد مـن وحداتـه تسـارع إلى عقـد العديـد مـن صفقـات السـلاح مـع القـوى الكـبرى. وفقـاً للتقريـر السـنوي لمنظمـة جلوبـال فايـر بـاور Global Fire Power، الـذي يحـدد ترتيـب القـوات العسـكرية، التقليديـة، غـير النوويـة، مـن حيـث القـوة. حيـث تعتمـد المنظمـة عـلى عـدة عوامـل للتقييـم، لترتيـب قـوة الجيـوش، تصـل لنحـو 50 مؤشراً، موزعـين عـلى عـدة فئـات رئيسـية؛ أهمهـا: القـوة البشرية، وحجـم وتطـور الأسـلحة والمعـدات العسـكرية، ثـم حجـم الإنفـاق العسـكري، والموقـع الجيوسيـاسي للدولـة، والقـوة اللوجسـتية، ومـوارد الدولـة الطبيعيـة، وغيرهـا. وبنـاء عـلى تلـك المـؤشرات والعوامـل، الموضوعيـة، التـي يكـون لـكل منهـا وزن نسـبي عنـد تحديـد القـوة العسـكرية لأي دولـة، فقـد جـاء

30. «المنطقة العربية تسجل أعلى معدلات بطالة في العالم،» سي إن إن بالعربية، 6 نوفمبر 2021، https://cnn.it/3rLgY9q.

31. «جامعـة الـدول العربيـة تكشـف عـن ارتفـاع حجـم التبـادل التجـاري الصينـي العـربي إلى 240 مليـار دولار أمريـكي عـام 2020،» cgtn، https://bit.ly/3rM9umE.

تصنيف الجيش المصري في المرتبة الأولى على مستوى منطقة الشرق الأوسط، من بين خمس عشرة قوة عسكرية، وفي المركز الثاني عشر، على مستوى العالم، من بين 140 دولة[32]. وجاء الجيش التركي في المرتبة الثانية بمنطقة الشرق الأوسط والثالثة عشرة عالمياً، يليه الجيش الإيراني في المرتبة الثالثة بالشرق الأوسط والرابعة عشرة عالمياً، أما الجيش الإسرائيلي فجاء في المرتبة الرابعة لمنطقة الشرق الأوسط والثامنة عشرة عالمياً، واحتل الجيش السعودي المرتبة الخامسة بالشرق الأوسط والعشرين عالمياً، بينما الجيش العراقي في المرتبة السادسة في المنطقة والرابعة والثلاثين عالمياً، وبعده الجيش الإماراتي في المرتبة السابعة في المنطقة والسادسة والثلاثين عالمياً، وحل الجيش السوري ثامناً في منطقة الشرق الأوسط، والجيش الكويتي في المرتبة التاسعة، أما المرتبة العاشرة في المنطقة فكانت من نصيب الجيش الأردني، يليه، بالترتيب، قطر وعمان واليمن والبحرين ثم لبنان. ويُلاحظ من ترتيب المراكز هذا العام، استمرار خروج الجيش الإيراني من ترتيب أقوى عشر دول في العالم، بعدما اعتاد منافستها في عهد شاه إيران، وهو ما يرجع لاعتماد نظام الحكم الديني المتطرف، بداية من عصر الخميني، إلى تقليل الاعتماد على الجيش النظامي، والتركيز على الحرس الثوري، الذي يضمن الولاء للإمام وليس للدولة، فتم، عمداً، إضعاف الجيش النظامي لحساب إرساء الحرس الثوري، وهو ما له بالغ الأثر السلبي، منذ ذلك الحين، على مركز الجيش الإيراني ضمن ترتيب الجيوش العشرة الأوائل[33].

ثانياً، إقامة التحالفات الأمنية المرنة والهجينة، التي لجأت إليها بعض دول الإقليم، وكانت لها نتائج متضاربة في بعض الأحيان، الأمر الذي دفع بعض دول الإقليم إلى العودة التدريجية إلى التحالفات التقليدية، ودفع قوى أخرى إلى الاعتماد أكثر على دول خارجية في تحقيق أمنها الوطني، أو الاعتماد على الذات في تحقيق الأمن الوطني، عبر الدخول في مجال توطين صناعة السلاح، بمساعدة بعض الدول المتطورة في هذا المضمار. وفي هذا الإطار بدأت تنتشر وتيرة المناورات والتدريبات العسكرية المشتركة بين دول الإقليم، أو مع قوى عسكرية من خارجه.

---

32. د. سمير فرج، «الجيش المصري في المركز 12 عالمياً» الأهرام، 27 يناير 2022، https://bit.ly/3Jpbdo2.

33. المرجع السابق ذكره.

ثالثاً، سباق امتلاك تكنولوجيا تصنيع السلاح والاستفادة من مخرجات الثورة الصناعية الرابعة، التي ستغير حتماً من قواعد لعبة الحرب ومن شكل الصراعات المستقبلية؛ ما يمثل تهديداً غير مسبوق للاستقرار في الإقليم والعالم. وفي هذا الإطار، أضحت الطائرات المسيَّرة (Drones) إحدى الأدوات القتالية التي تتصاعد أدوارها وتشتد وطأة ارتدادات توظيفها من قبل الدول والجماعات، على حدٍّ سواء، في الإقليم على نحو جعل منها خطراً يتزايد تدريجياً في ظل التوجه المكثف لاستخدامها على ساحات المعارك وفي ميادين الصراعات على ساحات الإقليم الملتهبة، وخاصة في سوريا والعراق وليبيا واليمن، أو لضرب منشآت مهمة في الدول المجاورة، على غرار ما تعرضت لها المنشآت النفطية في السعودية[34].

رابعاً، إن مواجهة الإرهاب ستظل العنوان الأبرز في طبيعة التفاعلات في الإقليم، وذلك في ظل تنوع وعدد الحركات الإرهابية.

خامساً، التوظيف الأمني لأزمات الهجرة غير الشرعية واللاجئين، حيث لايزال الإقليم يشهد تنامي موجات نزوح جماعية بسبب الاضطرابات الداخلية أو المشكلات الاقتصادية، فضلاً عن الهجرة غير الشرعية وما يترتب عليها من أبعاد أمنية مختلفة، وخاصة انتشار شبكات الجريمة والاتجار بالبشر.

سادساً، زيادة القدرات العسكرية للفاعلين من غير الدول، وامتلاكهم الأساليب الحديثة والمتطورة المستخدمة في الأشكال الجديدة للحروب، من وسائل إعلام، واعتمادهم على الحروب النفسية، والتمويل غير النظيف من الجريمة المنظمة والاتجار في المخدرات... إلخ.

(4) على صعيد الأبعاد الثقافية والاجتماعية:

إن البيئة الاجتماعية والثقافية في الإقليم تعج بالمتغيرات الثقافية والاجتماعية والبيئية، والتي تساعد على نمو التهديدات الناشئة واللامتماثلة، وفي هذا الإطار تتسم البيئة الاجتماعية والثقافية بما يلي:

---

34. محمد عبد القادر خليل، ««حرب الدرونز» أسلحة الإرهابيين على ساحة الشرق الأوسط،» مجلة المجلة، 14 أكتوبر 2019، https://bit.ly/3JsLHOq.

أولاً: زيـادة وتـيرة المشـكلات الاجتماعيـة، مثـل ارتفـاع نسـب الطـلاق، وزيـادة معـدلات العنوسـة مـن الجنسـين، والشـعور بالحرمـان والتهمـيش الاجتماعـي، والفقـر، وانتشـار جرائـم القتـل القائـم عـلى العنـف الأسري والمذهبـي أحيانـاً. وقـد أشـارت دراسـة بحثيـة إلى انتشـار حـالات الطـلاق في 22 دولـة عربيـة يقطـن بهـا 410 ملايـين عربـي؛ حيـث سـجلت السـعودية 7 حـالات طـلاق تقـع كل سـاعة بمعـدل 162 حالـة يوميـاً، وفي تونـس، يتـم تسـجيل 940 حالة طـلاق شـهرياً بمعـدل 4 حـالات كل 3 سـاعات، وفي العـراق 62 ألـف حالـة طـلاق سـنوياً، وفي الجزائـر ارتفعـت حـالات الطـلاق إلى 64 ألـف حالـة سـنوياً أي بمعـدل حالـة كل 12 دقيقـة، وفي الأردن 14 ألـف حالـة طـلاق سـنوياً، وفي مصر توجـد حالـة طـلاق كل دقيقتـين وحالتـا زواج كل دقيقـة[35].

ثانيـاً، عـدم قـدرة دول الإقليـم عـلى معالجـة المعضلـة السـكانية، التـي بـاتت تشـكل عبئـاً، وليـس دافعـاً، لتحقيـق معـدلات تنميـة مرتفعـة. بـل العكـس هـو الصحيـح. وتعتـبر الزيـادة السـكانية مـن أحـد الأسـباب الرئيسية لمعظـم مشـاكل العـالم. وهـذا إمـا بسـبب نقـص الغـذاء أو عـدم وجـود المياه الصالحـة للـشرب أو نقـص الطاقـة، وتتأثـر كل بلـد في العـالم بهـذه المشـكلة - أو سـتتأثر بهـا[36].

---

35. إيمـان محمـد عبـاس، «حالـة كل دقيقتـين.. الطـلاق يهـدد اسـتقرار الأسرة ودراسـة تكشـف أسـباباً صادمـة للظاهـرة» بوابـة الأهـرام، 1 سـبتمبر 2021، https://bit.ly/3oOfbyF.

36. بـول جيربرانـدس، «الزيـادة السـكانية» مؤسسـة نـادي العـشرة ملايـين،.https://bit.ly/3I0kTVq

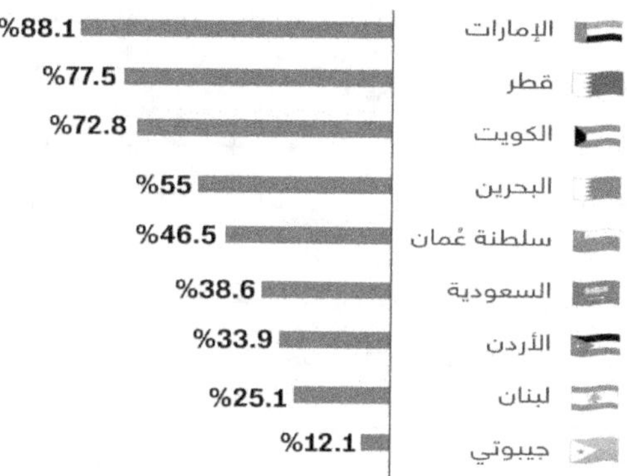

ثالثاً، قلة التماسك المجتمعي، واستمرار الهجرة غير الشرعية من دول الإقليم إلى العالم المتقدم، والنزاعات الإقليمية القائمة على الهوية والعرق والدين، وتفشي ممارسات التهميش العرقي والإثني والجندري. فعلى سبيل المثال، قلل الإغلاق بسبب جائحة «كوفيد-19» بشكل كبير من تدفقات الهجرة غير الشرعية إلى أوروبا عام 2020، فإن هذه الأرقام صارت تتزايد مع تقدم عام 2021. ووفقاً للوكالة الأوروبية لحرس الحدود والسواحل (فرونتكس)، شهدت الفترة من يناير إلى أغسطس 2021، زيادة بنسبة 64% في الهجرة غير النظامية إلى الاتحاد الأوروبي مقارنة بالعام السابق. ومن بين نحو 41 ألف شخص تم تسجيلهم على أنهم عبروا طريق وسط البحر الأبيض المتوسط الخطير بشكل غير قانوني، حتى الآن في عام 2021، كانت المجموعة الأكبر حتى الآن من التونسيين، يأتي بعدهم مواطنو بنغلاديش ومصر، وتعد ليبيا وتونس بلدَي المغادرة

الرئيسين[37]. وفقاً لأحدث بيانات قاعدة بيانات المهاجرين الدوليين، الصادرة عن إدارة الشؤون الاقتصادية والاجتماعية التابعة للأمم المتحدة، تصدرت الإمارات أعلى نسبة بعدد المهاجرين لمجموع السكان بنسبة بلغت88.1% في 2020، فيما شملت القائمة دول عربية أخرى غلبت بها نسبة المهاجرين الدوليين من مجموع السكان، مثل قطر (77.5%)، والكويت (72.8%)، والبحرين (55%). وبناء على تقرير المنظمة الدولية للهجرة الصادر تحت عنوان «الهجرة العالمية 2022» ارتفع عدد المهاجرين الدوليين في الدول ذات مؤشر التنمية البشرية «المرتفع جداً» خلال عام 2020. حيث توضح البيانات بأن الزيادة الكبيرة في أعداد المهاجرين هم من ذوي الخبرة في العديد من دول المقصد، وعلى الأخص في الولايات المتحدة والسعودية، وألمانيا، والمملكة المتحدة، والإمارات[38].

رابعاً، معضلة السياسات التعليمية، فلا يمكن إنكار أن النظم الاجتماعية والاقتصادية والتعليمية الحالية لم تستطع أن تساعد الشباب على تحقيق أحلامهم والتحول إلى أعضاء منتجين في مجتمعاتهم المحلية. وهنا يبرز التحدي في عدم وجود تنسيق ما بين الاقتصاد وتطوير التعليم في البلدان العربية. وهنا علينا أن نتذكر أن تعليم السكان له هدفان رئيسيان. الأول هو أن التعليم أداة، توظف من أجل خلق جيل منتج وواعٍ، بينما الهدف الثاني هو القدرة والوعي بكيفية ممارسة الحقوق السياسية ومشاركة المواطنين في صناعة القرارات والتعبير عن الرأي بحرية. ومع ذلك، فإن الأجيال الشابة في المنطقة العربية لا تتمتع بإمكانية الحصول على فرص عملٍ أو التمتع بالحقوق الاجتماعية والاقتصادية والسياسية، ولذلك فإن عدداً من الثورات في بعض الدول اندلعت من أجل المطالبة بتحقيق هذين الهدفين. ولذلك، يتعين إجراء إصلاحات هيكلية وجذرية في السياسات التعليمية وكذلك في نموذج التنمية في الدول العربية[39].

---

37. عوض خيري، «بعد انحسار خطر «كوفيد19-» أوروبا تستعد لموجات كبيرة من الهجرة غير الشرعية،» الإمارات اليوم، 11 أكتوبر 2021، https://bit.ly/34C0w2s.

38. «الدول العربية الـ 10 التي استضافت أعلى نسبة مهاجرين من مجموع السكان في 2020،» سي إن إن عربية، 21 يناير2022،   https://cnn.it/3oO4KuK.

39. عبد الجليل عكاري، «الفجوة بين السياسات التعليمية العربية وأجندة التعليم العالمية 2030: دراسة تحليلية، إلى أين نتجه؟،» https://bit.ly/3I0lgPO.

يُقصد بمحركات التهديدات تلك العوامل والدوافع والمحفزات لحدوث أو احتمالية حدوث التهديد، والنابعة من البيئات الاستراتيجية المغايرة. وبناء عليه، فإنه يمكن رصد ثلة محفزات لحدوث التهديدات اللامتماثلة أو الهجينة في الإقليم، وهي كما يلي:

1. **ضعف الدولة وتزايد عدد الدول الرخوة أو الفاشلة Failed States في الإقليم:** ثمة فرق كبير بين فشل الدولة وانهيارها الناتج عن اندلاع الصراعات الداخلية والإقليمية، وهو ما يمكن اعتباره الحالة الكلاسيكية للفشل والدول التي فشلت وظيفياً كنتيجة لإخفاقات متتابعة في أداء مؤسساتها وسياسة حكومتها في ظل تنامي متطلبات شعبها بما يفوق مواردها وقدراتها وهياكلها القائمة[40]. الأمر الذي يحتِّم في مرحلة معينة انهيار هذا النظام واستبداله بآخر أكثر فاعلية ورشاد. واللافت للانتباه أن عدداً من دول الإقليم يعاني الآن حالة من حالات الإخفاق الوظيفي، التي تؤدي إلى تآكل قدرتها وقدرة نظامها القائم على الحكم بفاعلية وكفاءة، وهو ما ينتج عنه في أكثر حالاته سقوط الدولة وانهيارها. وما ساعد على ضعف الدولة الوطنية في الإقليم: ضعف الحكومات القائمة، وغياب استراتيجيات فعلية للتنمية والتقدم، وحالة العداء والتربص السياسي بين النظام الحاكم والمعارضة، وتراجع دور الأحزاب المدنية الفاعلة لصالح التيارات الدينية المُسيسة ذات الامتدادات الخارجية، وتعدد الجماعات الوظيفية (الدينية والمتطرفة) وانتشارها، وانتشار الفسادين المالي والسياسي، وتراجع الدور التنموي لمؤسسات المجتمع المدني. ومن دول الإقليم التي تصنف في الإطار الدول الرخوة، تأتي: الصومال، العراق، اليمن، لبنان، جزر القمر، وربما تنضم ليبيا والسودان إلى القائمة إذا لم تنجحا في تنظيم الانتخابات، وإحداث انتقال سلمي للسلطة خلال الفترة المقبلة[41].

---

40. ماثيو بوروز، «الشرق الأوسط عام 2020.. رؤية استشرافية لمسارات المنطقة» مجلة السياسة الدولية، 15 أكتوبر 2014، https://bit.ly/3oO4PPk.

41. رنا أبو عمرة، «أمريكا والدولة الفاشلة» (القاهرة: دار ميريت للنشر، 2014)، ص ص 7- 15.

2. **تنوع مصادر النزاعات وتعددها في الإقليم:** لم يشهد إقليم الشرق الأوسط منذ أكثر من قرن ما يشهده الآن من اضطرابات وصراعات داخلية معقدة ومتشابكة. وتتجلى مظاهر هذه الاضطرابات في النظام الإقليمي، في: الحروب والنزاعات الأهلية المتواصلة، وخاصة في سوريا واليمن، وكذلك في ليبيا والعراق والصومال. وتُعتبر الصراعات الإقليمية على النفوذ، مثل المنافسة بين المملكة العربية السعودية وإيران، على نطاق واسع، ومنع التدخل الإيراني في الشؤون الداخلية للدول الأخرى، والتدخل التركي في دول الجوار، من العوامل التي تزيد الأمر تعقيداً، حتى في ظل محاولات التهدئة القائمة بين مكونات الإقليم الآن. وقد تضافرت أربعة عوامل على تصعيد هذه الصراعات وإدامتها: الأول هو أن توازن القوى الإقليمي بدأ يشوبه الغموض والتقلب في أعقاب انتفاضات عام 2011، وبفعل الغزو الأمريكي للعراق في عام 2003، والتدخل الخارجي في ليبيا عام 2012. والعامل الثاني هو أن النزاعات المحلية أصبحت المسرح الذي تدور عليه المنافسات الإقليمية المتواصلة على هيئة صراعات أوسع نطاقاً وأشد فتكاً. أما الثالث فهو أن توريد السلاح إلى إقليم الشرق الأوسط تعاظم بصورة حادة، بل وبات أحد مصادر التفاعل السياسي بين وحدات الإقليم والعالم الخارجي. والعامل الرابع: هو أن الإقليم يعاني شحاً ملموساً في معايير الحرب وآليات فض النزاع، مقارنة مع مناطق العالم الأخرى. وكان من نتائج ذلك أن إقليم الشرق الأوسط تحول بجميع بقاعه إلى وكر دبابير من التدخلات العسكرية[42].

3. ويضاف إلى العوامل سالفة الذكر استمرار التنافس والتدخلات الخارجية في الشؤون الداخلية لدول الإقليم من قِبل القوى الدولية، أو دعم مجموعات أو جماعات موالية لها، وتوظيف البُعد الديني والعرقي في بعض النزاعات الإقليمية، وعجز المنظمات الدولية والإقليمية على القيام بدورها في خفض النزاعات وبناء عمليات السلام وإحلالها داخل وحدات النظام أو بينهم.

---

42. بيري كاماك وميشيل دنّ، «إشعال الصراعات في الشرق الأوسط- أو إخماد النيران،» مركز ماكلوم كير- كارنيغي للشرق الأوسط، https://bit.ly/3Bl0zLW.

بيئـة خصبـة للأفكار المتشـددة: نـود أن نُشـير هنـا إلى أن العديـد مـن دول إقليم الـشرق الأوسـط لم تنجح في حـل أو خلخلـة الظـروف والعوامـل المركزيـة الحاضنـة للإرهـاب والأفـكار المتطرفة؛ ففـي الوقت الـذي أشـار فيـه أغلـب قـادة الإقليم إلى ضرورة المواجهات الفكريـة، وليست العسكريـة فقط للإرهـاب، إلا أن أكـثر الـدول لم تضـع سياسـات دينيـة وثقافيـة طويلـة الأمـد، ومتفـق عليهـا، لمواجهـة الأفـكار المتشـددة. وفي هـذا الإطار نُشـير إلى مـا ذكرتـه «مالال يوسـفزي»، الناشطة الباكستانية الحائـزة عـلى جائـزة نوبـل، «بالسـلاح تسـتطيع قتل الإرهابي، إنما بالتعليم تقتل الإرهاب»[43]. إن البيئة الاجتماعيـة والثقافيـة والسياسية للإقليم لا تـزال حاضنـة للعوامـل المركزية التي تسـاعد عـلى نشـأة أجيـال جديـدة مـن المتطرفين والجماعـات التكفيريـة، وهـو مـا يسـاعد عـلى إيجـاد محفـزات للتهديـدات «اللامتماثلـة».

4. **السياسـات الإيرانية في إقليم الـشرق الأوسـط:** عـلى مـدى العقديـن الماضيـين، اتبـع النظـام الإيـراني سياسـة حصر التعامـل والتعاطي مـع الملفـات التي تمثـل امتـداده في الإقليم، بدائـرة واحـدة، هـي قيادة فيلـق القـدس داخـل حـرس الثـورة الإسلامية، مـن دون أن يكـون للدوائـر الأخـرى أي معرفـة تفصيليـة بما يخطـط لـه وما يرسـم مـن أدوار ومهمـات للقـوى المتحالفـة أو التي أنشـأتها هـذه القـوة (قـوة القـدس) في أي مـن الـدول التي تدخـل في إطار نشـاطها، وتشكل عمقـاً اسـتراتيجياً في محيـط إيران الحيوي[44]. الأمـر الـذي جعـل السياسـات الإيرانيـة في الإقليم أكـثر عدائيـة، وتتجـه دائمـاً إلى التصعيد، وإلى البُعد العسـكري عـبر وكلاء أيديولوجيـين، باتـوا قوة معطِّلـة للاستقرار وإعـادة بنـاء الدولة في الإقليم.

5. **سياسـات اقتصادية واجتماعيـة أقل اسـتجابة للاحتياجـات المجتمعية:** إن المـؤشرات الكلية للسياسـات الاجتماعيـة والاقتصاديـة في إقليم الـشرق الأوسـط لا تـزال أقل مـن المطلـوب. حيـث لا تـزال المعضلـة السـكانية تؤثـر في نصيب الفـرد مـن الاحتياجـات الأساسـية، فضلاً عـن تدهـور كفاءة الخدمـات، وتزايد حـدة الضغـوط الاجتماعيـة مـع ازديـاد تبايـن معـدلات النمـو السـكاني. فضلاً عـن زيادة حركـة اللاجئين إلى خـارج الإقليم، أو التهجـير القـسري، ويتولـد عـن ذلك اضطرابات تفجر مشـكلات لا تهـدد الأمـن في معنـاه التقليـدي فقـط، بـل والإنسـاني أيضـاً، سـواء كان ذلك داخـل حدود الدولـة أو مـع دول الجـوار.

---

43. سجان م. غوهيـل، وبيـترك. فورسـتر(محرران)، «المنهــج المرجعـي لمكافحـة الإرهـاب،» الناتـو، مايـو 2020، ص 11، https://bit.ly/3Lwh7pb.

44. حسن فحص، «إيران وضرورة الواقعية السياسية في الإقليم،»إندبندنت عربية، 18 يونيو 2020 https://bit.ly/3GHELeB.

يضاف إلى ذلك انتشار ظاهرة هروب الكفاءات إلى خارج الدولة هرباً من الممارسات غير العادلة، إلى جانب ارتفاع معدلات الهجرة الطوعية لتدهور الأوضاع الاقتصادية. أما على الجانب الاقتصادي، فهناك فجوة كبيرة في عدم انتظام معدل التنمية الاقتصادية، وعدم المساواة في توزيع فرص التعليم والعمل، ما ينتج عنه تصاعد النزاعات والانقسامات. واستمرار تدهور الوضع الاقتصادي وذلك وفقاً للمؤشرات الدالة عليه والمتمثلة في معدلات الدخل القومي، وحجم الدين العام، ومعدلات وفيات الأطفال، وارتفاع نسبة الفقر، وانخفاض معدلات الاستثمار، وارتفاع معدلات البطالة، إلى جانب الارتفاع المفاجئ للأسعار وانهيار العملة الوطنية وتدهورها مع نمو تجارة السوق السوداء وانتشارها. فضلاً عن ازدياد معدلات الفساد، بالتوازي مع عدم قدرة الدولة على الوفاء بالتزاماتها المادية لمواطنيها مثل برامج الضمان الاجتماعي والمعاشات[45].

6. **قضايا البيئة والتغيرات المناخية:** يواجه إقليم الشرق الأوسط مخاطر كبيرة جراء التغيرات البيئية، على الرغم من أنه يسهم بنسبة أقل من 6% من الانبعاثات العالمية، كما أنه واحد من أكثر الأقاليم القليلة المياه. وتشير التوقعات إلى احتمالية تعرض ما يقرب من 80 مليوناً إلى 100 مليون شخص إلى الإجهاد المائي بحلول عام 2025، وسيشكل ذلك خطورة على دول الخليج العربي، وليبيا، ومصر تحديداً[46]. كما أن هذه التغيرات المناخية سوف تؤدي إلى ارتفاع أسعار الغذاء والطاقة، وهو ما يمثل أعباء جديدة لن تستطيع بعض حكومات إقليم الشرق الأوسط أن تصمد أمامها. واعتماداً على مدى ضعف الأنظمة وهشاشتها، يزداد التوتران الاجتماعي والاقتصادي؛ نتيجة انعدام الأمن الغذائي والمائي، والمشكلات الصحية، والهجرة، والتدهور الاقتصادي، وضعف المؤسسات، وتضاؤل النمو الاقتصادي، وتآكل المجتمعات. هذه المظاهر كلها تؤدي إلى عدم الاستقرار المجتمعي، ومن ثم بروز أشكال متعددة من العنف، مثل القيام بأعمال الشغب أو انتشار حركات التمرد، والتظاهرات، وانتشار الجريمة المنظمة، وتنامي تجارة المخدرات وغيرها من أعمال غير مشروعة. كما أن للتغيرات المناخية تأثيرات سلبية على قواعد عمل الأجهزة الأمنية والعسكرية في الإقليم والعالم، الأمر الذي يتطلب

---

45. رنا أبو عمرة، مرجع سابق، ص 20.

46. ماثيو بوروز، مرجع سبق ذكره.

مــن تلـك المؤسسـات التكيـف مـع التغيـرات الأمنيـة الناتجـة عـن التغيـرات المناخيـة.

7. **عـدم اسـتقرار في قمـة النظـام الـدولي:** الواقـع، يؤكـد أن إقليـم الـشرق الأوسـط هـو المسـاحة الجيواسـتراتيجية الأكـثر في العـالم التـي تشـهد صراعـاً بـين القـوى الكـبرى، وهـو مـا يظهـر مـن خـلال عـدد القواعـد أو القـوات الأجنبيـة فيـه. فضـلاً عـن تأثـر الإقليـم السـريع بتداعيـات التفاعـلات الدوليـة، وهـو مـا يتضـح مـن خـلال التداعيـات القائمـة والمحتملـة مـن الـصراع الصينـي - الأمريـكي عـلى قمـة النظـام الـدولي، أو الـصراع بـين روسـيا والولايـات المتحـدة أيضـاً.

8. **تجليـات الثـورة الصناعيـة الرابعـة والهجمـات السـيبرانية المتبادلـة:** تعتـبر الثـورة الصناعيـة الرابعـة، وفي القلـب منهـا تقنيـات الـذكاء الاصطناعـي، القـوة الدافعـة لحركـة الـدول والمجتمعـات في مختلـف المجـالات. ويشـهد إقليـم الـشرق الأوسـط حاليـاً تنافسـاً شرسـاً بـين أعضائـه حـول امتـلاك تقنيـات الـذكاء الاصطناعـي، وهـو مـا انعكـس عـلى تطـور امتـلاك بعـض وحداتـه أسـلحة ذاتيـة الحركـة تعتمـد عـلى النظـم اللوجسـتية المسـتقبلية بدعـم مـن الجيـل الخامـس مـن الإنترنـت والحوسـبة العملاقـة[47]. وقـد شـهد الإقليـم في الفـترة السـابقة حربـاً سـيبرانية بـين الحكومـات المتصادمـة (إسرائيـل وإيـران عـلى سـبيل المثـال) مـن قبـل جيـوش إلكترونيـة وبأجهـزة اسـتخبارات ووكالات حكوميـة، والتـي اسـتهدفت مجـال الأسـلحة النوويـة أيضـاً، خاصـة أنظمـة القيـادة والتحكـم المحيطـة بهـا[48]. وعـلى سـبيل المثـال، في 26 أكتوبـر مـن عـام 2021، أدى هجـوم إلكـتروني عـلى نظـام توزيـع الوقـود في إيـران إلى شـلل محطـات الوقـود في البلاد والبالـغ عددهـا 4300 محطـة، والتـي اسـتغرقت 12 يومـاً لاسـتعادة الخدمـة بالكامـل، وهـو مـا ردت عليـه إيـران بشـن هجـوم عـلى منشـأة طبيـة إسرائيليـة كبـرى[49]. وهنا يمكن القول: إن الـصراع السـيبراني امتـداد للـصراع الدائـر في الإقليـم، ومـن المتوقـع أن يـزاد هـذا الـصراع خـلال السـنوات المقبلـة، الأمـر الـذي يسـاعد عـلى نمـو التهديـدات «اللامتماثلـة».

---

47. د. علي الدين هـلال، «قضايا جديدة في العلاقات الدولية، في: هـل بـات التجديـد في حقـل العلاقـات الدوليـة ضرورة؟،» مركز الأهرام للدراسـات السياسـية والاسـتراتيجية، أكتوبر 2021، ص 15، https://bit.ly/3gKOvKI.

48. فيديل سبيتي، «هل توصلنا الحروب السيبرانية إلى صراع نووي؟» إندبندنت عربية، 15 أغسطس 2021، https://bit.ly/3JukPxR.

49. David Tucker, «What's New About the New Terrorism and How Dangerous Is It?,» Terrorism and Political Violence, 13 (Autumn, 2001), pp. 1–14.

المحور الرابع: التهديدات اللامتماثلة المحتملة الحدوث في الإقليم

بناء على دراسة البيئة الاستراتيجية للإقليم، والحوافز ومحركات التهديدات «اللامتماثلة»، يمكننا رصد عدد من التهديدات الناشئة في الإقليم. وهنا يلفت الباحث النظر إلى أن بعض هذه التهديدات ربما يكون قائماً بالفعل، ولكن حجم تأثير هذه التهديدات قد يتعاظم خلال السنوات المقبلة، إذا لم تعمل دول الإقليم على معالجة المحفزات وكبح جماحها عبر سياسات متوسطة وطويلة الأمد، وأهم هذه التهديدات ما يلي:

1. حركات إرهابية جديدة عابرة لإقليم الشرق الأوسط:

نقصد بهذا التهديد ظهور حركات وجماعات إرهابية جديدة ذات أهداف متعددة، تمتلك وسائلها المتنوعة في تنفيذ أهدافها. فقد تنجح بعض الحركات الإرهابية في استقطاب العديد من الشباب المحبط اجتماعياً، والعاطل عن العمل، وتمتلك هذه الجماعات وسائل الحرب النفسية، وأنماطاً جيدة من وسائل الإعلام والتواصل الاجتماعي، وتستخدم منتجات الذكاء الاصطناعي من أدوات تدمير وعنف، وأسلحة عسكرية حديثة مثل طائرات الدرونز، أو حتى تمتلك قدرات بيولوجية معينة لنشر الأوبئة والأمراض، أو استخدام سلاح الهجمات السيبرانية في تحقيق أهدافها في الداخل أو الخارج.

ويضاف إلى ذلك استمرار الحركات الإرهابية التقليدية (القاعدة وداعش)، التي قد يحدث تعاون أو اندماج بينهما في بعض المناطق في الإقليم، خاصة الأجزاء الأفريقية منه. وقد تتميز هذه الحركات الجديدة بالمرونة والمراوغة، والقدرة على التكيف والاحترافية في تنفيذ أنشطتها الخبيثة، وهو ما يزيد من عمليات الفتك والقتل ليس على المستوى الوطني فقط بل والإقليم أيضاً[50]. وهنا سوف تبرز وتتجلى أنشطة إرهابية (جديدة - قديمة) في الإقليم، مثل: «الإرهاب

---

50. د. شمال حسين مصطفى وشاهو القره داغي، «أثر الفواعل العنيفة من غير الدول على الفوضى الإقليمية،» كيوبوست، 18 يونيو 2021، https://bit.ly/3HNLJ33.

«الإرهاب العشائري» يرتكز على الدوافع الاجتماعية والنفسية للأفراد، وهو قائم على الانتماءات العرقية والإثنية. لمزيد من التفاصيل حول الإرهاب العشائري انظر:

Jeffrey Kaplan, "The Fifth wave: the new tribalism?, in Jeffrey Kaplan (Editor), Radical Religion and violence: Theory and case studies," (London: Routledge, 2016), PP 348-375.

العشائري»*، و«الإرهاب الرقمي»،... إلخ. وهنا يمكننا القول، غالباً ما تتجاوز الأنشطة الإرهابية السلطات القضائية والحدود، من بينها الحدود الرقمية. وفي عالم العولمة، قد تتحول إخفاقات دولة واحدة وبسرعة إلى تهديد لجميع الدول. لذلك يجب أن يشكل تعزيز التعاون الوطني والإقليمي والدولي أولوية بصورة دائمة لمواجهة كل أشكال التطرف العنيف والإرهاب القديمة والجديدة معاً.

2. فواعل جديدة من غير الدول:

يقصد بهذا التهديد ظهور فواعل جديدة من غير الدول في إقليم الشرق الأوسط، نتيجة لحدوث اضطرابات داخلية في بعض وحداته، أو زيادة الطموح لبعض الفروع المحلية لفواعل قائمين بالفعل، أو حدوث انشطار لفاعلين مسلحين أو غير مسلحين. فعلى سبيل المثال، من المحتمل مع زيادة الصراعات لدى الإخوان المسلمين أن تظهر جماعة دينية جديدة تحمل أفكار الجماعة الأم نفسها، أو تقوم الجماعات السلفية بمحاولة تكوين تنظيم دولي لها على غرار التنظيم الدولي للإخوان، أو تظهر أحزاب مسلحة جديدة في ليبيا على غرار حزب الله في لبنان، تكون بمنزلة قوى معطلة داخل الدولة.

إن تفاقم المشكلات البنيوية في الإقليم، وإتاحة الفرصة للتدخلات الخارجية والحروب بالوكالة، وزيادة التوسع والانتشار للفواعل من غير الدول قد يساعد على بروز هذا التهديد. وهنا، ستختلف دائرة نشاطات الفواعل المسلحة من غير الدول، حسب قدراتها وإمكاناتها وأهدافها، فهناك فواعل تطمح لتخريب الأمن والاستقرار الداخلي أو إسقاط الدول أو الحصول على الحكم الذاتي، مثل «كتائب الثوار» في ليبيا. وقد يتجاوز تأثير الفواعل إلى الدائرة الإقليمية، مثل: «جماعة الإخوان»، و«حزب الله» اللبناني، و«الحوثيين» في اليمن، وأحياناً تعمل الفواعل في النطاق العالمي، مثل تنظيم «داعش» أو نشاطات تنظيم القاعدة التي شملت شبكة واسعة، وهددت الأمن والاستقرار العالميين بشكل كبير[51]. وخلاصة القول، من المحتمل خلال العقد المقبل ظهور فواعل

---

51. ميشيل كونينكس، «دور الأمم المتحدة في الرد على التهديد الإرهابي العالمي،» معهد واشنطن، 18 يوليو 2020، https://bit.ly/3oKuMyY.

جديدة مـن غيـر الـدول، ليـس مـن الجماعـات الإرهابيـة فقـط، ولكـن مـن الحـركات المسـلحة العنيفة أيضاً، وربـما الـشركات متعـددة الجنسـية التـي لا تقـل سياسـاتها خطـورة عـلى التماسـك والاندمـاج الوطنـي مـن الفواعـل العنيفـة.

3. تزايد التهديدات الناشئة عن الذكاء الاصطناعي والحروب السيبرانية:

يقصـد بهـذا التهديـد زيـادة اسـتخدم تطبيقـات الـذكاء الاصطناعـي مـن قبـل الفاعلـين مـن الـدول وغيـر الـدول في إقليـم الـشرق الأوسـط للإضرار بمصالـح الـدول الأخـرى وأمنهـا. أو بمعنى آخـر، نقصد به توسـع دول الإقليـم في شـن حـروب سـيبرانية بعضهـا ضـد بعض، بشـكل مبـاشر أو عـبر وكلاء، بهـدف تدمـير البنـى التحتيـة، أو تدمـير المنشـآت العسـكرية والأمنيـة، ليـس داخـل الحـدود المكانيـة للـدول فقـط، ولكـن عـبر اسـتهداف مصالحهـم الحيويـة في الخـارج، وأعـالي البحـار أيضاً. فقـد أدت التطـورات التكنولوجيـة السريعـة إلى العديد مـن الابتـكارات التـي غيّـرت المجتمـع الحديـث بشـكل أسـاسي، ويجـب التنبّـه إلى سـوء الاسـتخدام المحتمـل للـذكاء الاصطناعـي وغـيره مـن التقنيـات الناشـئة، بمـا في ذلـك تحويلهـا إلى أسـلحة مـن جانـب الجماعـات المتطرفـة، لأن الـذكاء الاصطناعـي قـادر عـلى تمكين هـذه الجماعـات مـن تهديـد الأمـن بطـرق كانـت غـير عمليـة أو مسـتحيلة سـابقاً. ومـع تزايـد انتشـار الـذكاء الاصطناعـي والتقنيـات المبتكـرة الأخـرى، مـن المرجـح أن تبحـث جماعـات الجريمـة المنظمـة عـن سـبل لتكييف التقنيـات الجديـدة والناشـئة واسـتغلالهما. وفي هذا السـياق، يجـب أن تكـون دول إقليـم الـشرق الأوسـط عـلى وعـي بـأن الـذكاء الاصطناعـي، عنـد اسـتخدامه كسـلاح، قـد يمثل تهديـداً خطـيراً. ويرتبـط مصـدر تهديـد بآخـر باسـتخدام أنظمـة الطائـرات مـن دون طيـار. وعـلى سـبيل المثـال، فـإن جماعـة الحـوثي الإرهابيـة اسـتخدمت هـذه التكنولوجيـا بطريقـة تخريبيـة ضـد دول الخليـج العربيـة. وبسـبب الأطـر التنظيميـة والأمنيـة للـدول الأعضـاء الخاصـة بأشـكال منظومـات الطائـرات مـن دون طيـار كافـة وافتقـار الجماعـات الإرهابيـة الحاليـة للقـدرات اللوجسـتية والعملياتيـة في هـذا المجـال، ولا يـزال اسـتخدام الطائـرات مـن دون طيـار لأغـراض إرهابيـة في مراحلـه الأولى، ومـن المحتمـل أن نشـهد زيـادة كبـيرة في اسـتخدامها في المسـتقبل [52].

---

52. داود الفرحـان، «نـوادي الفـوضى الإلكترونيـة تواجـه «الغـراب» و«الذئـب»، الـشرق الأوسـط، 28 ديسـمبر 2021، https://bit.ly/3rKdq7w.

وإقليمياً، على مدى سنوات، تدور حرب بين إيران وإسرائيل دون إعلان رسمي. حرب ساحتها الأرض والبحر والجو، وتشمل أسلحة القتال بمختلف أنواعها، إضافة إلى الأنشطة الاستخباراتية والذكاء الاصطناعي.

وعالمياً، ومن أجل مواجهة هذا التهديد المتصاعد، قامت الوكالات الأمنية والاستخباراتية الأمريكية والروسية والبريطانية والفرنسية، مثلاً، بإنشاء مراكز خاصة للتعامل مع هذه الاحتمالات التي تحولت إلى تطبيقات عملية دفاعية في بعض الدول وهجومية في دول أخرى. وعلى وجه التحديد قامت وكالة الاستخبارات المركزية الأمريكية بتوظيف أكثر من ألف خبير معلومات أمنية، وتشكيل قوة ضاربة على مدار 24 ساعة لمواجهة أي تجاوزات. ولأن الأمر تحول من الخيال إلى الواقع، فإن الأوامر صدرت باتخاذ خطوات مماثلة في القوات الجوية الأمريكية والمباحث الفيدرالية[53].

وفي هذا الإطار أيضاً، قال وزير الدفاع البريطاني، بـن والاس، إن الحكومة البريطانية ستقوم بإنشاء مركز حرب رقمية جديد قادر على إطلاق الهجمات السيبرانية ضد قوى معادية. وإنه من المقرر أن يتم إنشاء مقر قيادة القوة السيبرانية الوطنية الجديد الذي تبلغ تكلفته 5 مليارات جنيه إسترليني (6,7 مليار دولار). ومن المتوقع أن يوظف المركز الجديد الآلاف من الخبراء والمحللين السيبرانيين بحلول عام 2030[54]. إن السباق الآن تخطى سباق التسلح التقليدي، إلى التسلح بتقنيات الذكاء الاصطناعي. والأمر لم يعد اختياراً، فدول كثيرة تستثمر المليارات لبناء قدراتها وترسانتها وتعزيزهما من هذه التقنيات من أجل التنافسية والتنمية الاقتصادية وكذلك التفوق العسكري[55].

وعلى الرغم من أن الأتمتة والرقمنة أحدثتا ثورة في القطاع الصناعي، فإنهما زادتا من مخاطر الأمن السيبراني خصوصاً مع ارتفاع معدل الهجمات الإلكترونية عالمياً. كما أن بيئة الإنترنت سوف تستمر كبيئة حاضنة

---

53. د. خالد الغمري، «مصر وعصر الذكاء الاصطناعي،» جريدة الأهرام، 15 يناير 2022، https://bit.ly/3Jh1rnQ.

54. . معتمر أمين، «الهجمات السيبرانية.. أسلحة المستقبل الفتاكة،» جريدة الشروق، 15 نوفمبر 2021، https://bit.ly/33iXQX3.

55. جنيفر إليوت ونايجل جنكينسون، «المخاطر السيبرانية ... التهديد الجديد للاستقرار المالي» صندوق النقد الدولي، 7 ديسمبر 2020،https://bit.ly/3GRwOng.

للهجمات السيبرانية، وتلحق الضرر بمواقع حيوية تمس الأمن الوطني للبلدان في الإقليم. وقد أصبحت الهجمات السيبرانية سلاحاً للمواجهة، يتسلل في هدوء مستغلاً ثغرة في برنامج التشغيل، ويحدث أثره الذي عادة ما يعطل خدمة حيوية أو يستهدف منشأة مهمة، وأحياناً يسرب معلومات تؤدي إلى حالة واسعة من البلبلة وعدم الاستقرار. ولا يقتصر استعمال الهجمات السيبرانية على البلدان وأجهزتها الدفاعية التابعة عادة لقواتها المسلحة. كما تعتبر مسألة تسريب المعلومات من أخطر أنواع الهجمات السيبرانية. ولنتذكر تبعات تسريبات جوليان أسانج عن طريق موقعه ويكيليكس، وتسريبات إدوارد سنودن الموظف السابق في وكالة الأمن القومية الأمريكية وهما من أشهر الأمثلة لما يستطيع الفرد القيام به في عالم الهجمات السيبرانية[56].

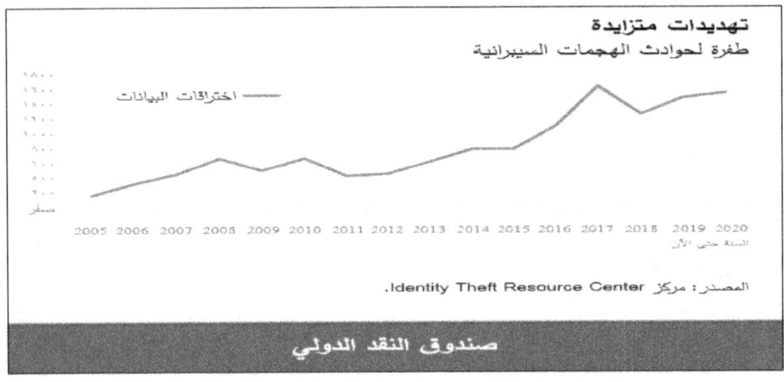

المصدر: https://www.imf.org/ar/News/Articles/2020/12/07/blog-cyber-risk-is-the-new-threat-to-financial-stability

ومن الواضح أن الأمن السيبراني أصبح مصدر تهديد للاستقرار المالي. ونظراً إلى قوة الروابط المالية والتكنولوجية المتبادلة، فإن أي هجمة ناجحة على مؤسسة مالية كبرى أو نظام أساسي أو خدمة يستخدمها الكثيرون يمكن أن تنتشر تداعياتها سريعاً في النظام المالي بأسره، ما يؤدي إلى اضطراب واسع الانتشار ويتسبب في فقدان الثقة. ومن الممكن أن تفشل المعاملات نظراً لحبس السيولة، وأن تفقد الأسر والشركات قدرتها على النفاذ إلى الودائع والمدفوعات. وفي مثل هذا السيناريو الحاد، قد يطالب المستثمرون والمودعون بأموالهم أو يحاولون إلغاء حساباتهم أو غير ذلك من الخدمات والمنتجات التي يستخدمونها في العادة[57].

---

56. الإنتربول، أنواع الاتجار بالبشر، https://bit.ly/3uOQSEE.

57. مكتب الأمم المتحدة الإقليمي المعني بالمخدرات والجريمة للشرق الأوسط وشمال أفريقيا، «الاتجار بالبشر وتهريب المهاجرين،» الأمم المتحدة، https://bit.ly/3JmNXqE.

4. الاتجار بالمخدرات والبشر والهجرة اللانظامية:

يقصـد بهـذا التهديـد زيـادات معـدلات الاتجـار بالمخـدرات والبشـر في الـشرق الأوسـط، وانتشـار شبكات الهجـرة اللانظاميـة مـن قبـل بعـض الفواعـل مـن الـدول، وغـير الـدول، أو شبكات الجريمـة المنظمـة وغـير المنظمـة أيضـاً. وهنـا، فـإن الاتجـار بالبشـر يتضمـن استئصـال الأعضـاء، والاتجار بالنسـاء للاستغلال الجنـسي، وتهريـب المهاجريـن، والاتجار مـن أجـل الأنشطة الإجراميـة القسـرية، والاتجار بالبشـر لأغـراض العمـل القـسري [58]. كـما أن تعبـير «تهريـب المهاجريـن» يشـمل تيسـير الدخـول غـير النظامـي إلى بلـد لا يكـون فيـه المهاجـر مواطنـاً أو مقيـماً، مـن أجـل تحقيـق مكاسـب ماليـة أو ماديـة أخـرى [59]. وبحسـب تقريـر للأمـم المتحـدة، في عـام 2018، تـم التحقـق مـن نحـو 50 ألـف ضحيـة للاتجار بالبـشر وأبلـغ عنهـا مـن قبـل 148 دولـة. لكـن، بالنظـر إلى الطبيعـة الخفيـة لهـذه الجريمة، فـإن العـدد الفعـلي لضحايـا الاتجـار بالبشـر أعـلى بكثـير [60]. كـما أظهـرت تقاريـر وزارة الخارجيـة الأمريكيـة بـأن ما بـين (600 – 800 ألـف شـخص) يتـم الاتجـار بهـم سنوياً. وفـي الغالـب تتشـابه دوافـع الاتجـار في البشـر مـع دوافـع الهجـرة غـير الشرعيـة بعضهـا مـع بعـض فمنهـا الاقتصاديـة والاجتماعيـة مـع تنـوع أنماطهـا، وتعتمـد عـلى المواقـع الجغرافيـة والإقليميـة أيضـاً، فهنـاك مـا يقـدر بنحـو 12.3 مليـون شخص مستعبد، ويقـدر عـدد الأشخاص الذيـن يعملون بالسخرة (2.5 مليـون شـخص)، ويقدر بـأن 1.4 مليـون شـخص منهـم والذيـن يشـكلون نحو 56% مـن ضحايـا العمـل الجبـري يأتـون مـن آسـيا والمحيـط الهـادي، و250 ألفـاً، أي نحـو 10%، يأتـي مـن أمريـكا اللاتينيـة ومنطقـة البحـر الكاريبـي، و230 ألفـاً يأتـي مـن الشـرق الأوسـط وشـمال أفريقيـا [61].

وعـلى صعيـد الاتجـار بالمخـدرات، فـإن معـدلات الاستهلاك في الإقليـم مرتفعـة للغايـة، خاصة

58. الأمـم المتحـدة، «تقريـر أممـي يـدق ناقـوس الخطـر: عـدد الأطفـال ضحايـا الاتجـار بالبشـر يرتفـع ثلاثـة أضعـاف خـلال 15 عامـاً» 2 فبرايـر 2021، https://bit.ly/34RkJRJ.

59. Majeed A. Rahman, "Human Traffickingin in the era of globalization: The Case of Trafficking in the Global Market Economy," Transcience Journal, Vol 2, No 1 (2011), p57, https://bit.ly/3gLkOt4.

60. فيديل سبيتي، «الكبتاغون» مخدر منطقة الشرق الأوسط» إندبندنت عربية، 9 يناير 2021، https://bit.ly/3HRu1vy.

61. دانيـلي جاروفالـو، «مـا الـدور الـذي تلعبـه التنظيـمات الإرهابيـة الإسلاموية في الاتجار بالمخـدرات؟» عـين أوروبيـة عـلى التطـرف، 30 نوفمـبر 2021، https://bit.ly/3rLziiC.

المخـدرات المصنعـة، التـي تـدل عـلى وجـود مصانـع كثـيرة تنتـج هـذه المـواد، وأن هنـاك شـبكة كبـيرة مـن المسـتفيدين ومـن المصنعـين والتجـار والممولـين وحمـاة هـذه التجـارة، والمتعاطـين[62]. وفي هـذا الإطـار، تسـتغل التنظيمـات الإرهابيـة الإسـلاموية الاتجـار بالمخـدرات لتمويـل نفسـها عـن طريـق فـرض ضرائـب عـلى عصابـات الجريمـة المنظمـة أو الميليشـيات المسـلحة أو مهربـي المخـدرات. وتجـدر الإشـارة إلى أن التجـارة الدوليـة في المخـدرات تشـكل سـوقاً ضخمـة ومصـدراً كبـيراً للدخـل للجماعـات الإرهابيـة نظـراً إلى عائداتهـا التـي لا يمكـن تعقبهـا. لـذا، تـبرم الجماعـات الجهاديـة اتفاقـات مـع الميليشـيات الإجراميـة المنظمـة. ومـن بـين المجـالات التـي تجـد فيهـا هـذه الاتفاقـات أرضيـة خصبـة أفغانسـتان وسـوريا ولبنـان والعـراق وليبيـا والمغـرب. ويلاحـظ أنـه إلى جانـب الهيرويـن والحشـيش والماريجوانـا، شـهد الطلـب عـلى المخـدرات الاصطناعيـة نمـواً هائـلاً في السـنوات الأخـيرة، وخاصـة في سـوريا ولبنـان والعـراق والمملكـة العربيـة السـعودية وقطـر. ويتجـاوز اسـتهلاك المخـدرات الاصطناعيـة القيـود المفروضـة عـلى الكحـول والمخـدرات الطبيعيـة. ويديـر سـوق المخـدرات الاصطناعيـة في الشـرق الأوسـط إلى حـد كبـير حـزب اللـه، الـذي ينتـج الميثامفيتامـين والكبتاغـون في مختبراتـه، التـي توجـد في معقلـه في وادي البقـاع، ثـم ينقلهـا إلى دول الشـرق الأوسـط. وعـلاوة عـلى ذلـك، يدعـم داعـش ويشـجع تجـارة المخـدرات الاصطناعيـة في شـمال أفريقيـا، ومنطقـة السـاحل، والمنطقـة الحدوديـة الأفغانيـة-الباكسـتانية، وذلـك مقابـل فـرض الضرائـب عـلى المنتجـين والمتاجريـن[63].

5. موجة جديدة من الاضطرابات:

يقصـد بهـذا التهديـد احتماليـة حـدوث موجـة جديـدة مـن الانتفاضـات أو الهبَّـات الشـعبية في دول إقليـم الشـرق الأوسـط، ليسـت لأسـباب سياسـية أو أمنيـة هـذه المـرة ولكـن لأسـباب اجتماعيـة واقتصاديـة بالأسـاس. وقـد تشـهد دول مسـتقرة مثـل، الأردن والمغـرب، هبَّـات اجتماعيـة نظـراً إلى الظـروف الاقتصاديـة المترنحـة، أو دول لا تـزال تعـاني

62. Lazar Berman and Jennifer Tischler, "After the Calamity: Unexpected Effects of Epidemics on War," Strategy Bridge, July 30, 2020, https://bit.ly/3HMUmLu.

63. الدكتـور عـماد علـوّ، «فايـروس كرونـا وحـروب الأوبئـة: هـل نشـهد بدايـة لعـصر حـروب الجيـل السـادس؟» المركـز الأوروبي لدراسـات مكافحـة الإرهـاب والاسـتخبارات، 18 مـارس 2020، https://bit.ly/34TTS7u.

موجـات اضطرابـات سـابقة، مثـل تونـس ومصـر وليبيـا واليمـن وسوريا والعراق والجزائر وفلسـطين، في الضفـة الغربيـة وقطـاع غـزة معـاً. وقـد تشـهد إيـران وتركيـا موجـات متصاعـدة مـن الاحتجاجـات المطلبيـة أيضـاً، وذلـك لعـدم قـدرة الأنظمـة القائمـة علـى الاستجابة للاحتياجـات الأساسـية للمواطنـين.

علـى الرغـم مـن الجهـود المضنيـة مـن قِبـل الأنظمـة القائمـة في الإقليـم مـن أجـل بنـاء إجراءات خفـض التصعيـد الخارجـي لمواجهة وعـلاج حالـة الاحتقـان الداخلـي، وعـلاج الخللين الاقتصـادي والاجتماعـي القائمـين، فإن الكثـير مـن تلـك الأنظمـة تلجـأ إلى الخيـارات التقليدية الأمنيـة دون سـواها، الأمـر الـذي قـد يـؤدي إلى مزيـد مـن الاحتقـان المجتمعـي، خاصة بعـد فشـل إجـراء إصلاحـات اقتصاديـة حقيقيـة يشـعر بها المواطن العـادي، وفشـل إجـراء انتخابات حـرة ونزيهـة تحظـى بالقبـول والـرضى العـام. وهنا يمكـن القـول إن بعـض دول الموجـة الأولى والثانيـة مـن الانتفاضـات العربيـة لم تنجـح حتـى الآن في رد الاعتبـار للدولـة الوطنيـة، مثل ليبيا وسـوريا واليمـن، إلا أن هنـاك بعـض الـدول العربيـة الأخـرى لا تـزال بيئتهـا الاسـتراتيجية خصبة بالعوامـل والأسـباب المؤديـة لحـدوث هبـات أو انتفاضـات مطلبيـة جديـدة. وهنـا سـوف تسـتغل الجماعـات ذات التوجـه الدينـي (الحوثي والميليشيـات المسلحة في العـراق، وحـزب الله في لبنـان، والإخـوان والقاعـدة وأخواتهـا) الظروف المؤاتيـة مـن أجـل الصعـود إلى الحكـم، وتخريـب الأوطـان وتدميرهـا.

6. **زيادة الكتلة الحرجة والاغتراب السياسي والمجتمعي Alienation Political:**

يقصـد بهـذا التهديـد زيـادة شـعور، مجموعـة أو فئة مـن السـكان، بالاغتراب الداخلـي أو الحرمان والتهميـش الاجتماعـي والاقتصـادي والسياسـي، وذلـك نتيجـة اعتمـاد الأنظمـة القائمـة في الإقليم علـى الحكـم مـن خـلال مؤسسـة أو طبقـة أو نخبـة أو جماعـة عرقيـة أو دينيـة معينـة دون سـواها. الأمـر الـذي يشـكل مشـاعر سـلبية لـدى بعـض الفئـات في المجتمع تجـاه المؤسسات أو الطبقـات الأخـرى. ومـا يميـز هـذا الموقـف عـن غـيره مـن المواقـف تجـاه النظـام السـياسي هـو المشـاعر الواضحـة بالقـرب أو الابتعـاد، بالانتـماء أو الانفصـال، بالاندمـاج أو بالرفـض، مـع

وجـود إحسـاس مسـتمر بالقطيعـة والانفصال عـن المؤسسـات الحكوميـة والأيديولوجيا السياسية والمسـؤولين والقـادة النافذيـن في النظـام السيـاسي. في هـذه الحالـة، يشـعر المغتربـون (الكتلـة الحرجـة في الداخـل) بأنهـم خـارج هـذه المنظومـة، ومـن هـذا المنطلـق يسـعون إلى تأييـد أي تغيـرات سياسيـة جوهريـة ودعمهـا بهـدف إرسـاء نظام يسـتطيعون الانضـواء تحت مظلتـه. وهنـا يشـعر الشـخص بالعجـز أمـام مـا يحـدث في العمليـة السياسـية والانفصـال عنهـا، لأنـه مـن المفتـرض في المجتمـع أن ينتمـي الشـخص إلى العمليـة السياسـية، وبصفتـه مواطنـاً أصيـلاً هـي بدورهـا يجـب أن تنتمـي إليـه[64].

وتتجلـي ظاهـرة الاغـتراب والتهميـش في الإقليـم بتراجـع معـدلات انتمـاءات الشـباب أو فئـات المجتمـع إلى الأحـزاب أو إلى المؤسسـات الشرعيـة في بلـدان الإقليـم، أو نسـب التصويـت في الانتخابـات العـام أو الاسـتفتاءات علـى الدسـاتير، واللجـوء إلى الاغـتراب الافـتراضي السـيبراني الطوعـي، وزيادة معـدلات الانتحـار. إن خطـورة تهديـد زيـادة معـدلات الاغـتراب السيـاسي والمجتمعـي يجعـل مجتمعـات الإقليـم أقـل تماسـكاً مـن الداخـل، وأكـثر عرضـة للشـائعات والحـرب النفسـية والحـروب الهجينـة، وتفسـخ الاندمـاج الوطنـي.

7. الحروب البيولوجية:

يقصد بهـذا التهديد قيـام بعـض الفاعلـين مـن الـدول (أو غـير الـدول) في الإقليـم بتطويـر أنـواع مـن البكتيريا والفيروسـات بهـدف نشـر الأمـراض والأوبئـة في داخـل وحـدات أخـرى. بمعنـى آخـر، قيـام إحـدى دول الإقليـم بشـن حرب فيروسـات قاتلـة على دولـة أخـرى فيـه، دون أن يكـون لديها القـدرة علـى التحكـم في مـدى انتشـار هـذه الفيروسـات وتداعياتهـا، الأمـر الـذي قـد ينتقـل إلى وحـدات الإقليـم كلهـا.

---

64. إيمـان عمـر الفـاروق، «الاسـتخبارات العالميـة علـى خـط النـار في حـروب الأوبئـة.. 30 مليـار دولار تكلفـة التأمـين مـن المخاطر،» مجلـة الأهـرام العـربي، 18 مايـو 2021، https://bit.ly/36bP526.

وهنـا، يمكـن القـول إن انتشـار فيـروس كورونـا إعـادة الاعتبـار للتفكيـر في أهميـة الحـرب البيولوجيـة وجدواهـا، خاصـة للـدول أو الجيـوش التي لا تمتلـك القـدرات العسـكرية. وعلى الرغـم مـن أن حصيلة الوفيـات الناجمـة عـن «COVID-19» لا تبـدو كارثيـة مثـل الأوبئـة التاريخيـة الأخـرى، فإنها أثرت في العديـد مـن الجهـات الفاعلـة، وبطـرق عميقـة مماثلـة. إن فيـروس كورونـا يمثل مفاجـأة تحـدث مرة واحـدة في الجيـل، ولكـن تداعياتها واضحة تمامـاً، وسـوف تمتـد لسـنوات مقبلـة[65].

ومجمل القـول، شـهد العقـدان الأخيـران تطـور «متسـارعاً»، لأسـاليب الحـرب والقتـال سـواء في طـرق وأسـاليب القيـادة والسـيطرة ونوعيـة الأسـلحة والمعـدات المسـتخدمة وطبيعـة الأهـداف المرجـوة، أو بنوعيـة الانفتاحـات العسـكرية والجبهـات بغيـة تحقيـق الأهـداف الاسـتراتيجية التـي تشـن مـن أجلهـا الحـروب. والآن، قـد يشـهد إقليـم الشـرق الأوسـط والعالـم، الجيـل السـادس مـن الحـروب، الذي يمكـن أن نطلـق عليهـا (حـرب الأوبئـة) التـي تُسـتخدم بهـا الأوبئـة والأمـراض بشـكل واسـع النطـاق لتحقيـق أهـداف اسـتراتيجية بعيـدة المـدى علـى النطاقيـن الإقليمـي والدولـي[66]. ولذلـك، طفـا علـى السـطح، مؤخـراً، مصطلـح «الاستخبارات الوبائيـة»، وهـو مصطلـح ليـس بجديـد، مـع تفشى جائحـة كورونـا، ولعـل المثـال الأشـهر في هـذا الصـدد هـو «المركـز الوطنـي للاستخبارات الطبيـة»، التابـع لوكالـة الاستخبارات الدفاعيـة الأمريكيـة[67]. ومؤخـراً، قـال رجـل الأعمال الأمريكي بيـل غيتـس إن علـى الحكومـات أن تسـتعد لمواجهة الأوبئـة والهجمـات الإرهابية في المسـتقبل مـن خلال اسـتثمار المليارات في البحـث والتطويـر. ورأى غيتـس أن «ألعـاب الجراثيـم» يمكـن أن تشـمل الاستعداد لمواجهة أعمال الإرهـاب البيولوجـي. وأشـار إلى أن «هنـاك أوبئـة تحـدث بشـكل طبيعـي وأوبئـة يسـببها الإرهاب البيولوجي يمكـن أن تكـون أسـوأ بكثـير ممـا عشـناه اليـوم»[68]. وثمة مخـاوف مـن أن يسـعى الإرهابيون إلى الحصـول علـى أسـلحة كيماويـة وبيولوجيـة وإشـعاعية ونوويـة في المسـتقبل أيضـاً.

---

65. «بيـل غيتـس يحـذر مـن الإرهـاب البيولوجـي ويدعـو لإطـلاق صناديـق للوقايـة مـن الأوبئـة،» الشـرق الأوسـط، 4 نوفمبر 2021، https://bit.ly/34RFXPq.

66. بيري كاماك وميشيل دنّ، مرجع سبق ذكره.

67. عبد الله عبد السلام، «العرب وصفقة فيينا!،» الأهرام، 31 يناير 2022، https://bit.ly/3Jq3SV3.

68. د. علي الدين هلال، «الحرب غير المعلنة بين إسرائيل وإيران،» جريدة الأهرام، 30 يناير 2022، https://bit.ly/33lWta6.

المحور الخامس: سيناريوهات مستقبل الإقليم في ضوء التهديدات اللامتماثلة

إن محفزات التهديدات «اللامتماثلة» وكوابحها سوف تُشكل مستقبل طبيعة التفاعلات الهيكلية بين الفواعل في إقليم الشرق الأوسط، وبينهم وبين الفاعلين الدوليين من خارجه. وبناء على هذه التفاعلات سوف نتناول ثلاثة اتجاهات مستقبلية للإقليم: أولها انفجار براميل البارود والدخول في حرب إقليمية مباشرة بين دول الإقليم. وثانيها، حدوث تسوية جزئية لبعض نزاعات الإقليم واستمرار بعضها الآخر. وثالثها، التهدئة والدخول في عمليات خفض التوتر وبناء إجراءات الثقة بين الأطراف المختلفة في الإقليم.

السيناريو الأول، انفجار براميل البارود واندلاع حرب إقليمية:

يقصد بهذا السيناريو اندلاع حرب مباشرة بين طرفين أو أكثر في الإقليم، الأمر الذي قد يجر المنطقة إلى حرب أوسع، خاصة إذا ما تدخلت القوى الكبرى الحليفة للأطراف المختلفة للمساندة وتقديم الدعم، وربما مشاركة القوى الكبرى ذاتها في هذه الحرب. وفي ظل هذا السيناريو المتشائم، تكون محفزات التهديدات «اللامتماثلة» أقوى وأسرع من الكوابح، وربما تنتقل التهديدات من «اللامتماثلة» إلى نوع آخر، وهي «التهديدات الاستراتيجية»، التي تفرض على الدول التحرك للمواجهة من أجل الحفاظ على البقاء وحماية مقدراتها المادية والبشرية.

وتوجد العديد من الأسباب والحجج التي تؤيد حدوث مثل هذا السيناريو منها: أولاً، يعتبر إقليم الشرق الأوسط منطقة متميزة بين أقاليم العالم من حيث تواتر الصراعات وشدتها لأمد طويل، مع قلة قنوات التواصل الإقليمي، وآليات فض النزاعات، وقلة المعايير حول مجريات النزاعات والصراعات، مع فائض وفير من واردات السلاح. ثانياً، إن الاضطرابات الداخلية، وصراعات القوة بين دول الإقليم، والمشاجرات السياسية بين الدول المتجاورة قد تستمر على الأرجح في المنطقة التي تصارع الآن لإقرار توازن جديد يوضح حقيقة الأوزان النسبية لكل دولة في الإقليم[69]. ثالثاً، إن بقاء التنظيمات الإرهابية وقدرتها على العمل رغم الضربات التي تتعرض لها يعني أن هناك

---

69. عبد المنعم سعيد، «مصالحات إقليمية،» الشرق الأوسط، 8 سبتمبر 2021، https://bit.ly/34TuC1s.

بيئـة حاضنـة تسـمح للتنظيـم كبيـراً كان أو صغيـراً بالحركـة، وتجنيـد أعضـاء جـدد وتهديـد المدنيـين والرسـميين عـلى السـواء، وربـما يتـم ذلـك بمسـاعدة دول مـن داخـل الإقليـم وخارجـه كـما حـدث في السـابق القريـب.

رابعـاً، نجـاح مفاوضـات فيينـا حـول البرنامـج النـووي الإيـراني، وحـدوث تسـوية أمريكيـة - إيرانيـة، والرفـع التدريجـي للعقوبـات، دون الأخـذ في الاعتبـارات السياسـات العدائيـة التدخليـة لإيـران في المنطقـة، أو تطويرهـا لبرامـج الصواريـخ الباليسـتية. هنا يمكـن القـول، إن إسرائيـل لـن تقـف مكتوفـة الأيـدي إذا مـا شـعرت بقـرب الوصـول إلى اتفـاق مـع طهـران دون مراعـاة لهواجسـها الأمنيـة. وفي هـذا الإطـار تحـدث رئيـس الـوزراء الإسرائيـلي، نفتـالي بينيـت، عـن تغيـير جـذري قائـلاً: «قررنـا الكـف عـن ضـرب الأذرع الإيرانيـة فقـط. سنضـرب رأس الأخطبـوط، أي إيـران ذاتهـا وليـس حزب الله أو ميليشياتها في سـوريا». حتـى لـو كان في الأمـر مبالغـة في إطـار اللعبـة السياسـية الداخليـة، فـإن إسرائيـل لـن تتردد في الضغـط بشـدة عـلى التيـار اليمينـي الأمريكـي الرافـض أساسـاً لأي مصالحـة مـع طهـران لإشعـال الأرض تحـت أقـدام إدارة بايـدن في عـام حاسـم سيشـهد انتخابـات التجديـد النصفي للكونغـرس. واللافـت للانتبـاه، هنـا هـو إدراك الدولتـين، إسرائيـل وإيـران، أنـه في حالـة قيـام حـرب مفتوحـة بينهما، فإنهـا لـن تكـون سريعـة أو قصيرة ولـن تتوقـف عنـد حـدود الدولتـين اللتين تـدركان أنهـا حـرب تكلفتهـا مرتفعـة جـداً ولـن تنتهـي بغالـب ومغلـوب.

خامسـاً، البيئـة الاستراتيجيـة الدوليـة، والبنيـة المتحولـة للنظـام العالمـي الذي يمكـن أن يشـهد في الأعوام المقبلـة حضـوراً أكـبر لقـوى أخـرى صاعـدة في هـذا النظـام، وهـذا لا يعنـي انحسـار النفـوذ الغـربي كفاعـل عـلى المسـرح الإقليمـي. ولكـن انتهـى عهـد احتـكار الـدول الغربيـة للقـدرة عـلى تشـكيل مسـتقبل الإقليـم أو رسـم خريطـة دولـه أو حتـى تقريـر استمرارية بعض أنظمـة الحكـم، أو العكـس.

وفي ظـل هـذا السـيناريو، سـوف ينتقـل الإقليـم مـن الحـروب بالوكالـة، والحـروب الهجينـة السـيبرانية إلى الحـرب المبـاشرة. كـما أن الحـركات الإرهابيـة المتطرفـة ستنشـط أيضـاً، وستظهـر أنمـاط جديـدة من التنظيـمات الإرهابيـة العابـرة للحـدود، التـي سـتطفو عـلى السـطح نزاعـات الحـدود، وقـد تتوهـج النزاعـات بـين بعـض دول الإقليـم ودول الجـوار الجغرافـي أيضـاً. كـما سـتتواصل الانقسـامات التـي

تعانيها المجتمعـات اللبنانيـة والعراقيـة والسـورية واليمنيـة والليبيـة في توليـد الصراعـات وخلـق التوتر، ما يجعلهـا أرضاً خصبـة لتدخـل أطـراف أجنبيـة وعرضـة لتفاقـم أعمـال العنـف.

نافلة القـول أن هـذا السـيناريو يعتبر الأكـثر تشـاؤماً، ولكـن إمكانيـة حدوثـه واردة، للأسـباب المذكورة أعـلاه وغيرهـا الكثير، عـلى المديـن المتوسـط والبعيد.

السيناريو الثاني، التسويات المحدودة:

يقصـد في هـذا السـيناريو حـدوث إجـراءات بنـاء الثقـة بـين بعـض أطـراف الصراعـات في الإقليـم، والدخـول في تسـويات وتفاهمـات لإنهـاء النزاعـات الداخليـة في بعـض وحـدات الإقليـم. فضـلاً عـن نجـاح عـدد مـن الـدول في تحقيـق الاسـتقرار والتنميـة الاقتصاديـة، وبنـاء مؤسسـات أكـثر قـدرة ومرونة للاسـتجابة المجتمعيـة. وهـذا السـيناريو يعتبر السـيناريو المرجح والأقـرب للحـدوث عـلى أرض الواقـع في الإقليـم.

وفي ظـل هـذا السـيناريو يحـدث تراجـع للاسـتقطابات الحـادة، وتسـوية محـدودة لبعـض الصراعـات في الإقليـم مـن خـلال التوافـق بـين أطـراف الـصراع والقـوى الكـبرى. وهنـا، فـإن كوابـح التهديـدات «اللامتماثلـة» قـد تنجـح في مواجهـة بعـض التهديـدات دون الأخـرى، وسـتظل السياسـات العدائيـة لإيـران قائمـة، وسـتظل تمـارس الحـرب بالوكالـة، ولكـن قـد تنجـح بعـض الـدول في الخـروج مـن الطـوق الإيـراني، خاصـة العـراق، التـي تسـعى إلى العـودة إلى دورهـا الطبيعـي في إقليـم الـشرق الأوسـط. ويضـاف إلى ذلـك، اسـتمرار الحـال كمـا هـو عليـه بالنسـبة إلى الـصراع الفلسـطيني - الإسرائيلي. وقـد تعـود تركيا إلى سياسـات «تصفير المشـاكل»، وأن يسـتمر هـذا التوجـه الـتركي بعـد رحيـل رجـب طيب أردوغـان عـن الحكـم، وهنـا سـتخرج تركيـا مـن الأراضي العربيـة، سـوريا والعـراق وليبيـا.

وعـلى الرغـم مـن محـاولات الوصـول إلى تسـويات محـددة في الإقليـم، فـإن احتماليـة بقـاء الاضطرابات والصراعـات الإقليميـة موجـودة، ويتوقـع اسـتمرار دول الإقليـم في حيـازة منظومـات عسـكرية متقدمة، وفي تنويـع مصـادر الأسـلحة. وفي ظـل هـذا السـيناريو سـتظل الحـرب غـير المبـاشرة بـين إسرائيـل وطهـران، وربمـا تشـتعل الحـروب السـيبرانية بينهمـا. وفي هـذا السـيناريو، فإن الـدول العربيـة في الإقليم

ستنجح تماماً في مواجهة الحركات الإرهابية والجماعات المتطرفة، وستعود الدول المضطربة إلى القوة التي كانت عليها من قبل انتفاضات الربيع العربي.

السيناريو الثالث، النزوع إلى التهدئة وفك الاشتباك المسلح والسياسي:

هذا السيناريو هو الأكثر تفاؤلاً، والمرغوب فيه من قِبل الشعوب، وبعض الأنظمة السياسية في الإقليم تسود فيه قيم التعاون الجماعي، والميل التدريجي إلى إعادة بناء الدولة الوطنية، والتعاون الإقليمي لمواجهة منظمات الحركات الإرهابية، ووقف الهجمات السيبرانية المتبادلة، وسباق التسلح الإقليمي، وتوجيه قدرات الدول ومقدراتها وإمكانياتها إلى تحسين الخدمات الاجتماعية، ورفع معدلات التنمية، ومواجهة العجز المتسارع في الموازنات العامة للدول في الإقليم. ففي ظل لحظة التحول الراهن في الإقليم والعالم، لم يعد هناك كثير من الخيارات إلا أن تأخذ دول الإقليم الأمور بيدها من خلال التعامل المباشر مع الدول الإقليمية غير العربية، إيران وتركيا وإسرائيل. وجرى هذا التعامل من خلال اتجاهين: أولهما تبنته مصر لإنشاء منتدى الغاز لشرق البحر المتوسط الذي يضم مصر وإسرائيل والأردن وفلسطين وقبرص واليونان وإيطاليا، والذي لا يخلق مصالح خاصة بالطاقة فقط، وإنما بالصناعات المعتمدة عليها وأساليب النقل والتوزيع والتسييل. وثانيهما أن الاتفاقات الإبراهيمية التي أجرتها دولتا الإمارات العربية المتحدة والبحرين، ثم لحقت بهما المغرب والسودان، أعادت تشكيل بيئة الصراع العربي - الإسرائيلي ومناخه في اتجاه التعامل مع حزمة واسعة من التحديات الإقليمية بالإضافة إلى فتح أبواب جديدة للتعامل مع الصراع الفلسطيني - الإسرائيلي.

وفي الواقع، فإن هناك شروطاً عدة لتحقيق السيناريو أيضاً، منها: أولاً على إيران وقف السياسات العدائية والتدخلات في الشؤون الداخلية لدول الجوار، والإرهاب الحوثي، والدعم المقدم للميليشيات المسلحة في الدول العربية، والهجمات السيبرانية المتبادلة بينها وإسرائيل، ونجاح المفاوضات الإيرانية - الغربية حول وقف البرنامج النووي الإيراني، وبرامج تطوير الصواريخ الباليستية الإيرانية. ثانياً، التوصل إلى حل للصراع الفلسطيني - الإسرائيلي، وإقامة الدولة الفلسطينية وحل مشكلة اللاجئين. ثالثاً، عودة تركيا إلى سياسة «تصفير المشاكل» مع دول الجوار وانسحابها من الأراضي العربية (سوريا والعراق وليبيا). ورابعاً، قيام الدول العربية بحل الخلافات العربية - العربية، واعتماد

مقاربـة عربيـة موحـدة للتعامـل مـع دول الجـوار. وأخـيراً، وقـف التدخـل مـن القـوى الكبرى فـي الشـأن الداخلي لـدول الإقليـم الـذي عـاني كثـيراً مـن هـذه التدخـلات.

إن هـذا السـيناريو المتفائـل، وإن كان صعـب الحـدوث فـي الواقـع الفعـلي، عـلى الأقـل فـي المديـين القصـير والمتوسـط، إلا أنـه وارد عـلى المـدى البعيـد بالرغـم مـن أن فـترات الهـدوء التـي سـادت الإقليـم خـلال أكـثر مـن قـرن مـن الزمـن كان قليلـة لكنهـا حدثـت أحيانـاً.

وفي النهايـة، يمكـن القـول إن السـيناريوهات الثلاثـة تقـع عـلى خـط مسـتقيم، وأن حـدوث أحدهـا لا يعنـي عـدم المـرور بالسـيناريوهات الأخـرى. وفي الأحـوال كلهـا فـإن التهديـدات «اللامتماثلـة» سـوف تلعـب دوراً حاسـماً في ترجيـح كفـة حـدوث أي مـن هـذه السـيناريوهات.

خاتمة

حاولـت الدراسـة أن تقـدم إطـاراً نظريـاً لماهيـة البيئـة الاسـتراتيجية والتهديـدات، ورصـد اتجاهـات البيئـة الاسـتراتيجية ومعالمهـا في الإقليـم، والتهديـدات «اللامتماثلـة» ومحركاتهـا Trends. وأشـارت الدراسـة إلى أن البيئـة الاسـتراتيجية عمومـاً تتسـم بأنهـا بيئـة تفاعليـة، وغامضـة، وسـريعة التقلـب، وعـدم اليقيـن، والتعقيـد، والغمـوض، وأنهـا شـبكات معقـدة مـن المنظومـات، يسـود فيهـا حالـة «اللايقيـن». وأن هنـاك فرقـاً في مفاهيـم التهديـد، والخطـر، والتحـدي. ولابـد مـن توافـر أربعـة أركان، حتى نسـتطيع أن نقـول إن هنـاك تهديـداً مـا Threat؛ وهـي: نيـة الضـرر، والطابـع الحركـي والنسـبي، والتركيـب والتعقيـد، والتداخـل مـع تهديـدات أخـرى قائمـة. أمـا التحـدي Challenge فهـو شـيء مـا (أزمة) يتـم فيـه اختبـار قـدرة الدولـة عـلى إدارة شـؤونها ومنافسـة الآخريـن. أمـا الخطـر Risk فهـو كل فعـل مهـدد يحتمـل وقوعـه وإمكانيـة التنبـؤ بـه تتأرجـح بيـن الزيـادة والنقصـان، وهـو مرتبـط بمـدى قـدرة المجتمـع ومناعتـه حيـال مواجهتـه.

وذكـرت الدراسـة بـأن هنـاك معاييـر عـدة تسـتخدم لتصنيـف التهديـدات، إذ يركـز بعـض الباحثيـن عـلى معيـار «المجـال» Field في تصنيفهـم للتهديـدات، وهـي: (السياسـية، واقتصاديـة، والاجتماعيـة، والثقافيـة، والبيئيـة)، ومنهـم مـن يسـتخدم معيـار درجـة الخطـورة: وهـي، (التهديـدات الفعليـة، والتهديـدات المحتملـة، والتهديـدات الكامنـة، والتهديـدات المتصوَّرة). وأخـيراً، انتـشرت في الفتـرة الأخيرة تصنيـف التهديـدات وفقـاً لدرجـة التماثـل، وهـي المتماثلـة كالتهديـد العسـكري، أو التهديـدات اللامتماثلـة التـي تُبنـى عـلى فكـرة الغمـوض وعـدم إمكانيـة تحديـد ماهيـة العـدو، إذ تكـون بيـن أطـراف غـير متكافئـة مـن حيـث القوة.

وذهبـت الدراسـة إلى أن بعـض هـذه التهديـدات قائـم بالفعـل، وبعضهـا الآخـر لا يـزال في فتـرة النضـج، وأن تداعياتهـا حـال الحـدوث سـوف تشـمل إقليـم الـشرق الأوسـط برمتـه. وأن الجماعـات الدينيـة، والعنيفـة والمتطرفـة، والثـورة الصناعيـة الرابعـة وتجلياتهـا، والسياسـات العدائيـة المتبعـة مـن قِبـل بعـض الـدول في الإقليـم، وفشـل السياسـات الاقتصاديـة والتعليميـة المطبقـة في بعـض وحداتـه، سـوف تُعجل بحـدوث هـذه التهديـدات.

وذهبت الدراسة إلى وجود ثلاثة سيناريوهات لمستقبل إقليم الشرق الأوسط في ضوء التهديدات «اللامتماثلة»، تقع على خط مستقيم، وأن حدوث أحدها لا يعني عدم مرور الإقليم بالسيناريوهات الأخرى.

وفي النهاية، إن مواجهة هذه التهديدات يحتاج إلى تضافر الجهود الوطنية، والإقليمية، والدولية، للعمل على معالجة أوجه الخلل، وإعادة بناء الدولة الوطنية، وتقوية مؤسساتها الوسيطة، وخفض التوترات والنزاعات المجتمعية، والبينية في الإقليم.

المراجع

أولا، الكتب

- **الكتب باللغة العربية:**

— يـري ديبيـل، اسـتراتيجية الشـؤون الخارجية...منطـق الحكـم الأمريـكي، ترجمـة: وليـد شـحادة، (بـيروت: دار الكتـاب العـربي ومؤسسـة محمـد بـن آل راشـد آل مكتـوم، 2009).

— ليـاس أبـو جـودة، الأمـن البـشري وسـيادة الـدول، (بـيروت: مجـد، المؤسسـة الجامعية للدراسـات والنشر والتوزيـع، 2008).

— رنا أبو عمرة، أمريكا والدولة الفاشلة، (القاهرة: دار ميريت للنشر، 2014).

— د. إيمـان رجـب، الأمـن القومـي العـربي: تحـول خريطـة التهديـدات والاسـتراتيجية المقترحـة للمواجهـة، (القاهـرة: معهـد البحـوث والدراسـات العربيـة، 2017).

- **الكتب باللغة الإنجليزية:**

— Colin S. Gray, Modern Strategy, (Oxford: Oxford University Press, 1999)

— Donald H. Rumsfeld, Secretary of Defense, The National Defense Strategy of The United States of America, (Washington, DC: Department of Defense, March 2005).

— Harry R. Yarger, Strategic Theory for the 21st Century: The Little Book on Big Strategy, (Strategic Studies Institute: February 2006).

— Williamson Murray and Mark Grimsley, Introduction: On Strategy in The Making of Strategy: Rulers, States, and War, (Cambridge: Cambridge University Press, 1994; 1997).

- Ulrich Beck, Risk society Towards a New Modernity, translated by Mark Ritter, (London: University Ubrarv, 1992).

- David Tucker, What's New About the New Terrorism and How Dangerous Is It?,- Terrorism and Political Violence, 13 (Autumn, 2001).

ثانياً، الدوريات العلمية:

• الدوريات باللغة العربية:

- د. محمـد صفـى الديـن خربـوش، «شروط الرحيـل: هـل استنفذت «الدولـة الوطنيـة» العربيـة قدرتهـا علـى الصمـود؟،» مجلـة السياسـية الدوليـة، العـدد 209، المجلـد 52، يوليـو 2017.

- د. نبيـل سـرور، «الصراع على النفـط والغـاز وأهمية منطقـة الشـرق الأوسـط الاستراتيجية،» مجلـة الدفـاع الوطنـي، العـدد 96، إبريـل 2016.

- جـارش عـادل، «مُقاربـة معرفيـة حـول التهديـدات الأمنيـة الجديـدة،» مجلـة العلوم السياسـية والقانـون، العـدد الأول، المركـز الديمقراطـي العـربي، 21 فبرايـر 2017.

- سـليمان عبدالله الحـربي، «مفهـوم الأمـن: مسـتوياته وصيغـه وتهديداتـه: دراسـة نظريـة في المفاهيـم والأطـر،» المجلـة العربيـة للعلـوم السياسـية، العـدد 19، صيـف 2008.

- أدمـام شـهرزاد، «الطبيعـة اللاتماثليـة للتهديـدات الأمنيـة الجديـدة،» مجلـة النـدوة للدراسـات القانونيـة، الجزائـر، العـدد1، 2013.

• دوريات بالغة الإنجليزية:

- *Marianne Stone, "Security According to Buzan: A Comprehensive Security Analysis," Security Discussion Papers Series1m Spring 9.*

—   Frank Hoffman, "On not-so-New Warfare: Political Warfare vs Hybrid Threats," War on the Rocks, July 28, 2014.

—   Toni Pfanner, "Asymmetrical warfare from the perspective of humanitarian law and humanitarian action," International Review of the Red Cross, V87, N875, Marche 2005.

—   David Tucker, «What's New About the New Terrorism and How Dangerous Is It?,» Terrorism and Political Violence, 13 (Autumn, 2001).

—   Majeed A. Rahman, "Human Traffickingin in the era of globalization: The Case of Trafficking in the Global Market Economy," Transcience Journal, Vol 2, No 1 ,2011.

—   Lazar Berman and Jennifer Tischler, "After the Calamity: Unexpected Effects of Epidemics on War," Strategy Bridge, July 30, 2020.

ثالثاً، أوراق بحثية:

- قاسـم حجـاج، «التدخـل الإنسـاني للجيـش الوطنـي الشـعبي في مواجهـة الكـوارث الطبيعيـة،» ورقـة بحـث قدمـت في الملتقـى الـدولي حـول: الدفـاع الوطنـي بيـن الالتزامـات السـيادية والتحديـات الإقليميـة، ورقلـة، الجزائـر، 12-13 نوفمـبر2014.

رابعاً، الجرائد والمواقع الإلكترونية:

—   «أكـبر هجـوم منـذ إسـقاط «خلافتـه»- هـل يسـتعيد «داعـش» قوتـه مـن جديـد؟،» دويتشـه فيلـه، 25 ينايـر 2022، https://bit.ly/3uFiKuS.

—   حسـين قايـد، «أكـبر هجـوم في العـراق منـذ أشـهر.. داعـش يحـاول «إعـلان عودتـه،» قنـاة الحرة، 21 ينايـر 2022، https://arbne.ws/3uKGBJ.

- د. سـعود عابـد، «البيئـة الاسـتراتيجية وصناعـة القـرار الاسـتراتيجي»، جريـدة الريـاض، 8 إبريـل 2021، https://bit.ly/36833SJ.

- «إرجـاء القمـة العربيـة في الجزائـر بسـبب كورونـا،» سـكاي نيـوز، 22 ينايـر 2022، https://bit.ly/3Lv75oc

- روسـيا اليـوم، مـا الأسباب الحقيقيـة لتأجيـل القمـة العربيـة في الجزائـر؟، روسـيا اليـوم، 21 ينايـر 2022، https://bit.ly/3gGAtd5.

- عمـرو عـادلي ومحمـد العـربي وإبراهيـم عـوض، «إعـادة الإعـمار في الـدول العربيـة بعـد الحـرب: اسـتمرار الـصراع بوسـائل أخـرى،» مركـز مالكـوم كـير- كارنيغـي للـشرق الأوسـط، 24 فبرايـر 2021، https://bit.ly/3gJd8Y9.

- محمـد الحميـدي، «أمـين عـام «الغـرف العربيـة» أكـد لـ«الـشرق الأوسـط» أن مئـات المليـارات مـن الـدولارات فاقـد اقتصـادي وعـوز تنمـوي جـراء الأزمـات منـذ 2011،» جريـدة الـشرق الأوسـط، 17 نوفمـبر 2019، https://bit.ly/3JsLef8.

- «الإسـكوا: ارتفـاع الدين العـام في المنطقـة العربيـة إلى مسـتويات تاريخيـة بلغـت 1.4 تريليـون دولار في 2020،» الأمـم المتحـدة، https://bit.ly/3gLh5vA.

- «المنطقـة العربيـة تسجل أعـلى معـدلات بطالـة في العـالم،» سي إن إن بالعربية، 6 نوفمـبر 2021، https://cnn.it/3rLgY9q.

- «جامعـة الـدول العربيـة تكشـف عـن ارتفـاع حجـم التبـادل التجـاري الصينـي العـربي إلى 240 مليـار دولار أمريـكي عـام 2020،» cgtn، https://bit.ly/3rM9umE.

- د. سـمير فـرج، «الجيـش المـصري في المركـز 12 عالميـاً،» الأهـرام، 27 ينايـر 2022، https://bit.ly/3Jpbdo2.

– محمـد عبـد القـادر خليـل، ««حـرب الدرونـز» أسـلحة الإرهابييـن عـلى سـاحة الـشرق الأوسـط،» مجلـة المجلـة، 14 أكتوبـر 2019، https://bit.ly/3JsLHOq.

– إيمـان محمـد عبـاس، «حالـة كل دقيقتيـن.. الطـلاق يهدد اسـتقرار الأسرة ودراسـة تكشـف أسـباباً صادمـة للظاهـرة،» بوابة الأهـرام، 1 سـبتمبر 2021، https://bit.ly/3oOfbyF.

– بول جيربراندس، «الزيادة السكانية،» مؤسسة نادي العشرة ملايين،.https://bit.ly/3I0kTVq

– عـوض خـيري، «بعـد انحسـار خطـر «كوفيـد-19» أوروبـا تسـتعد لموجـات كبـيرة مـن الهجـرة غـير الشرعيـة،» الإمـارات اليـوم، 11 أكتوبـر 2021، https://bit.ly/34C0w2s.

– «الـدول العربيـة الـ 10 التـي اسـتضافت أعـلى نسـبة مهاجريـن من مجمـوع السـكان في 2020،» سي إن إن عربيـة، 21 ينايـر2022، https://cnn.it/3oO4KuK.

– عبـد الجليـل عـكاري، «الفجـوة بـين السياسـات التعليميـة العربيـة وأجنـدة التعليـم العالميـة 2030: دراسـة تحليليـة، إلى أيـن نتجـه؟،» https://bit.ly/3I0lgPO.

– ماثيـو بـوروز، «الـشرق الأوسـط عـام 2020.. رؤيـة استشرافية لمسـارات المنطقـة،» مجلـة السياسـة الدوليـة، 15 أكتوبـر 2014، https://bit.ly/3oO4PPk.

– بـيري كامـاك وميشـيل دنّ، «إشـعال الصراعـات في الـشرق الأوسـط- أو إخمـاد النـيران،» مركـز ماكلـوم كـير- كارنيغـي للـشرق الأوسـط، https://bit.ly/3Bl0zLW.

– سـجان م. غوهيـل، وبيـترك. فورسـتر(محرران)، «المنهـج المرجعـي لمكافحـة الإرهـاب،» الناتو، مايـو 2020، ص 11، https://bit.ly/3Lwh7pb.

– حسـن فحـص، «إيـران وضرورة الواقعيـة السياسـية في الإقليم،»إندبندنـت عربيـة، 18 يونيـو 2020، https://bit.ly/3GHELeB.

– د. علـي الديـن هـلال، «قضايـا جديـدة في العلاقـات الدوليـة، في: هـل بـات التجديـد في حقـل العلاقات الدوليـة ضرورة؟،» مركـز الأهرام للدراسـات السياسـية والاسـتراتيجية، أكتوبـر 2021، ص 15، https://bit.ly/3gKOvKI.

– فيديـل سـبيتي، «هـل توصلنـا الحـروب السـيبرانية إلى صراع نـووي؟،» إندبندنـت عربيـة، 15 أغسـطس 2021، https://bit.ly/3JukPxR.

– د. شـمال حسـين مصطفى وشـاهو القـره داغـي، «أثر الفواعـل العنيفـة مـن غيـر الـدول عـلى الفـوضى الإقليميـة،» كيوبوسـت، 18 يونيو 2021، https://bit.ly/3HNLJ33.

– ميشـيل كونينكـس، «دور الأمـم المتحـدة في الـرد عـلى التهديـد الإرهـابي العالمـي،» معهـد واشـنطن، 18 يوليـو 2020، https://bit.ly/3oKuMyY.

– داود الفرحـان، «نـوادي الفـوضى الإلكترونيـة تواجـه «الغـراب» و«الذئـب»،» الـشرق الأوسـط، 28 ديسمبر 2021، https://bit.ly/3rKdq7w.

– د. خالـد الغمـري، «مصر وعـصر الـذكاء الاصطناعـي،» جريـدة الأهـرام، 15 ينايـر 2022، //https: bit.ly/3Jh1rnQ.

– معتمـر أمـين، «الهجـمات السـيبرانية.. أسـلحة المسـتقبل الفتاكـة،» جريـدة الـشروق، 15 نوفمـبر 2021، https://bit.ly/33iXQX3.

– جنيفـر إليـوت ونايجـل جنكينسـون، «المخاطـر السـيبرانية ... التهديـد الجديـد للاسـتقرار المـالي،» صنـدوق النقـد الـدولي، 7 ديسـمبر 2020، https://bit.ly/3GRwOng. =

– مكتـب الأمـم المتحـدة الإقليمـي المعنـي بالمخـدرات والجريمـة للـشرق الأوسـط وشمـال أفريقيـا، «الاتجـار بالبـشر وتهريـب المهاجريـن،» الأمـم المتحـدة، https://bit.ly/3JmNXqE.

– الأمـم المتحـدة، «تقريـر أممـي يـدق ناقوس الخطـر: عـدد الأطفـال ضحايـا الاتجار بالبـشر يرتفـع ثلاثـة أضعـاف خـلال 15 عامـاً» 2 فبرايـر 2021، https://bit.ly/34RkJRJ.

- فيديـل سـبيتي، «الكبتاغـون» مخـدر منطقة الـشرق الأوسـط،» إندبندنـت عربية، 9 ينايـر 2021، https://bit.ly/3HRu1vy.

- دانيــلي جاروفالــو، «مـا الــدور الــذي تلعبــه التنظيــمات الإرهابيــة الإسـلاموية في الاتجـار بالمخــدرات؟،» عــين أوروبيــة عــلى التطــرف، 30 نوفمــبر 2021، https://bit.ly/3rLziiC.

- الدكتـور عـماد علـوّ، «فايـروس كرونـا وحروب الأوبئـة: هـل نشـهد بدايـة لعـصر حـروب الجيـل السـادس؟،» المركـز الأوروبي لدراسـات مكافحة الإرهاب والاسـتخبارات، 18 مـارس 2020، https://bit.ly/34TTS7u.

- إيمـان عمـر الفـاروق، «الاسـتخبارات العالميـة عـلى خـط النار في حـروب الأوبئـة.. 30 مليـار دولار تكلفـة التأمـين مـن المخاطر،» مجلـة الأهـرام العربي، 18 مايـو 2021، https://bit.ly/36bP526.

- «بيـل غيتـس يحـذر مـن الإرهـاب البيولوجـي ويدعـو لإطـلاق صناديـق للوقايـة مـن الأوبئـة،» الـشرق الأوسـط، 4 نوفمـبر 2021، https://bit.ly/34RFXPq.

- عبد الله عبد السلام، «العرب وصفقة فيينا!،» الأهرام، 31 يناير 2022، https://bit.ly/3Jq3SV3.

- د. عـلي الديـن هـلال، «الحـرب غـير المعلنـة بـين إسرائيـل وإيـران،» جريـدة الأهـرام، 30 ينايـر 2022، https://bit.ly/33lWta6.

- د. عبد المنعم سعيد، «مصالحات إقليمية،» الشرق الأوسط، 8 سبتمبر 2021، https://bit.ly/34TuC1s.